NOUS CROYONS EN DIEU

La foi évangélique pour tous

Nous croyons en Dieu : la foi évangélique pour tous

Éditions Ministère Multilingue International

Couverture : Débora Gerbore
Mise en page : Alain Auger
Photo : Barack Obama et Rick Warren de
Jonathan Alcorn. Utilisée avec permission.

Les citations bibliques extraites de la Segond 21 sauf mention contraire.

Dépôt légal - Bibliothèque nationale du Québec, 2009.
Dépôt légal - Bibliothèque nationale du Canada, 2009.

Imprimé au Canada.

Données de catalogage avant publication (Canada)

Morin, Jean-Sébastien

Nous croyons en Dieu : la foi évangélique pour tous

ISBN : 978-2-89576-099-3

1. Évangélisme. 2. Foi. 3. Églises protestantes - Doctrines
I. Titre.

BR1640.M67 2009   230'.04624   C2009-942654-4

NOUS CROYONS EN DIEU

La foi évangélique pour tous

Jean-Sébastien Morin

MINISTÈRE VIVRE
jeanseb@ministerevivre.com
www.ministerevivre.com

Remerciements

Merci à l'*Union des Églises Baptistes Françaises au Canada,* à la *Librairie CLC* et à l'*Église Évangélique de Deux-Montagnes* qui ont aidé au financement de ce projet. Votre aide a rendu ce projet possible. Merci à Johanne Berthiaume et à Sonny Perron pour leur aide avec la correction. Merci au Dr. Pierre Constant pour ses commentaires théologiques détaillés. Merci à tous ceux qui ont lu le manuscrit aux diverses étapes et qui m'ont donné leurs commentaires. Merci à *Ministère Multilingue International* pour la conception de la jaquette et l'impression. Merci à Pierre Poulin pour ses conseils. Merci à mon épouse, Katie, qui me soutient de tout cœur dans mon ministère.

DÉDICACE

J'aimerais dédier ce livre à plusieurs de mes professeurs à la *Faculté de Théologie Évangélique de Montréal*. Vous avez contribué, plus que vous ne le pensez, à ma réflexion théologique. Merci pour l'excellente formation que j'ai reçue. J'aimerais dédier ce livre particulièrement au Dr. Amar Djaballah, au Dr. Richard Lougheed, au Dr. Wesley Peach et à Michel Lafleur. Merci pour votre ministère.

À PROPOS DE L'AUTEUR

Dans un livre semblable, il est toujours intéressant de savoir qui est l'auteur du livre et où il se situe par rapport au sujet. Si ce livre était écrit par un athée, on pourrait penser qu'il sera biaisé contre les évangéliques, alors que si le livre est écrit par un évangélique on pourrait se demander s'il ne présente pas les choses plus belles qu'elles ne le sont en réalité. Il vaudrait mieux trouver quelqu'un de « neutre » pensera-t-on. Mais personne n'est neutre dans la vie. Nous écrivons, pensons et parlons tous à partir de notre vécu. La véritable question est : pourquoi l'auteur pense-t-il maintenant de cette façon ? Si une personne se converti à un mouvement cela signifie qu'il n'a pas toujours pensé de cette façon.

L'auteur peut-il écrire au nom de tous les évangéliques ? Il ne faut pas être naïf, il existe au sein du milieu évangélique francophone une diversité que personne ne peut représenter complètement. Malgré celle-ci, il n'en demeure pas moins que le milieu évangélique s'entend sur l'ensemble des doctrines de base, et ce livre se veut une introduction à celles-ci.

Né dans une famille catholique romaine d'une mère monoparentale, j'ai suivi la foi catholique jusqu'à ma première communion. J'assiste à l'église évangélique de façon hebdomadaire depuis l'âge de dix ans. Débutant ma vie chrétienne évangélique dans *l'Association d'Églises Baptistes Évangéliques au Québec*[1], j'ai ensuite assisté à une *assemblée des frères* pendant quelques années. J'ai passé cinq années dans des églises de *l'Association des Églises Évangéliques* (AGC) et près de dix ans dans *l'Église Évangélique Libre*. Je suis maintenant pasteur dans une église centenaire au sein de *l'Union des Églises Baptistes Françaises au Canada*.

J'ai œuvré – professionnellement ou bénévolement – pendant plusieurs années auprès des jeunes avec des organismes comme Direction Chrétienne, Jeunesse en Mission, les Groupes Bibliques Universitaires et Collégiaux et le Camp Plein Air Amitié. J'ai dirigé un groupe de musique inter-église nommé (ph7) qui a joué un peu partout au Québec. J'ai eu la chance d'être conférencier pour des camps et des églises de dénominations et de cultures différentes. Je suis également auteur du livre *Une fille, un gars, un Dieu...* un livre qui traite de la question des fréquentations pour les jeunes adultes et adolescents chrétiens.

En somme, j'ai eu la chance de collaborer avec la presque totalité des groupes évangéliques au Québec : traditionnels, pentecôtistes, baptistes, frères, mennonites, etc. De par ma formation en théologie et en philosophie, j'ai une connaissance élargie de la théologie évangélique et de la philosophie moderne et post-moderne[2]. De par mon travail auprès des jeunes, j'amène une fraîcheur et une simplicité dans ma façon d'expliquer les choses. De par mon travail en tant que pasteur, je suis branché aux besoins des gens et je suis convaincu que la connaissance de la théologie doit avoir des liens bien pratiques avec notre vie. C'est pour tout cela que je crois que je suis une bonne personne pour vous présenter la diversité du mouvement évangélique d'aujourd'hui.

INTRODUCTION

LES ÉVANGÉLIQUES « POUR LES NULS »...

Vous tenez entre vos mains le livre « Nous croyons en Dieu : *La théologie évangélique pour tous…* ». Qui sont les évangéliques ? Que croient-ils ? Quelles sont les différences entre les catholiques et les évangéliques ? Ce livre tentera de répondre à ces questions dans un langage simple, clair et informé.

Appelés souvent à torts « évangélistes » par les médias, les évangéliques ont bien mauvaise presse. Associés d'abord à Georges W. Bush et à la droite religieuse, ils sont souvent dépeints comme un groupe de naïfs un peu extrémistes qui croient – encore ! – que la Bible est pertinente pour aujourd'hui. Les évangéliques sont méconnus du grand public qui est, par conséquent, méfiant à leur égard. Peut-être s'en trouve-t-il un ou plusieurs dans votre entourage ou dans votre famille. Vous aimeriez peut être en savoir plus mais vous hésitez à leur poser des question de peur d'ouvrir une porte qui ne se refermerait pas.

Si vous désirez en savoir davantage sur les évangéliques et sur leurs croyances ce livre est pour vous !

Soulignons, en débutant, que l'évangélisme est un mouvement plus large qui englobe plusieurs groupements plus petits (baptiste, mennonite, assemblée des frères, pentecôtiste, etc.). Ces groupements sont appelés une « dénomination ». En d'autres mots, il y a plusieurs « saveurs » d'évangéliques mais qui s'entendent tous sur les éléments fondamentaux de la foi chrétienne.

Prenons l'image de la crème glacée : il existe de la crème glacée au chocolat, à la vanille, à l'érable, etc. Leur point en commun est de tous être à la base de la crème glacée. Mais toute la crème glacée ne goûte pas seulement le chocolat. De même, on pourrait dire que tous les baptistes, mennonites, pentecôtistes et les frères sont des « évangéliques » mais on ne pourrait pas dire que tous les évangéliques sont des mennonites.

De quelle genre de différences parlons-nous ? Par exemple, les mennonites sont des pacifistes. Ils sont contre la guerre et ne feront pas de service militaire. Ceci n'est pas vrai de tous les évangéliques. Les assemblées des frères, pour leur part, n'ont pas de pasteur rémunéré. Le travail pastoral est plutôt divisé entre des membres reconnus par l'assemblée. Les pentecôtistes, pour leur part, ont généralement des temps de musique plus longs et plus rythmés.

Quoique soit leur « saveur », de façon générale nous pouvons dire que tous les évangéliques partagent les huit caractéristiques suivantes.

- Les églises évangéliques sont des églises de pratiquants.

- L'œuvre de Jésus-Christ est centrale dans le salut de l'être humain.

- Personne ne peut être sauvé par ses actions ou par ses œuvres. Nous sommes sauvés par la grâce au moyen de la foi seule.

- La Bible, et non l'Église, est l'autorité finale dans les domaines de la foi et de la pratique.

- Les évangéliques ont vécu une expérience de conversion personnelle.

- La pratique journalière de disciplines spirituelles est encouragée (prière, lecture et méditation de la Bible).

- C'est la mission de chaque chrétien que de partager sa foi à d'autres.

- Il est important que la célébration du dimanche et la vie de l'église

locale rejoignent l'homme et la
femme d'aujourd'hui peu importe
leur race ou leur âge.

C'EST UN DÉPART !

Que vous soyez une personne qui désire en
connaître davantage sur les évangéliques ou
quelqu'un de nouveau à la foi évangélique, je
suis persuadé que vous trouverez ce livre
intéressant. Certains éléments vous sembleront
peut être étranges ou complètement en dehors de
votre monde habituel. Je vous invite, afin de
profiter davantage de ce livre, d'attendre à la fin
de votre lecture avant de rejeter la foi évangélique. La foi chrétienne évangélique forme un
tout cohérent. Je vous invite à lire le livre, à
réfléchir à l'intérieur de la façon de voir des
évangéliques. C'est seulement lorsque vous aurez
une vue d'ensemble que vous serez plus apte à
évaluer le tout et à vous situer par rapport aux
évangéliques.

J'espère donc que vous trouverez ce livre infor-
matif et qu'il sera pour vous un lieu de réflexion
pour avancer dans votre propre cheminement.
J'espère vous communiquer ma passion pour une
foi chrétienne pertinente et actuelle.

Vous trouverez au travers de ce livre certaines
sections « *Pour aller plus loin* ». Ces sections

facultatives s'adressent aux gens qui aimeraient étudier plus en profondeur certains sujets. Vous êtes invités à lire ces sections si le sujet vous intéresse. Sinon, vous pouvez passer par-dessus et vous ne manquerez rien d'essentiel.

Vous trouverez aussi à la fin de chaque chapitre des questions d'approfondissement. Il est possible de lire ce livre seul ou de faire partie d'un groupe de discussion. L'animateur de petit groupe trouvera un guide de discussion en annexe.

Aussi, vous pouvez en tout temps visiter le site web relié à ce livre à l'adresse internet *www.nouscroyonsendieu.com*. Vous y trouverez d'autres informations sur l'église évangélique et une possibilité de poser les questions qui vous intéressent.

www.nouscroyonsendieu.com
jeanseb@ministerevivre.com

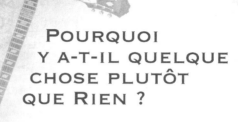

Pourquoi y a-t-il quelque chose plutôt que Rien ?

Nous croyons au Dieu Créateur

La première confession de foi officielle de l'Église débute ainsi : « Nous croyons en un seul Dieu, le Père tout-puissant, créateur du ciel et de la terre, de toutes les choses visibles et invisibles »[3].

Une confession de foi est une tentative de résumer systématiquement le contenu de notre foi, l'ensemble des énoncés que nous considérons comme vrais. Toute confession de foi se définit de façons positive (ce que nous croyons) et négative (ce que nous ne croyons pas).

Par exemple, la phrase « Nous croyons en un seul Dieu... créateur » enseigne à la foi positivement ce que nous croyons mais souligne aussi que nous ne croyons pas qu'il existe plusieurs dieux ou que le monde a toujours existé. À l'époque du concile de Nicée (325 ap. J-C), beaucoup de gens, notamment les Grecs, pensaient que l'univers était éternel, qu'il n'avait jamais eu de commencement. Les Grecs ne croyaient donc pas qu'il y avait forcément un dieu créateur de qui vient toutes choses.

Aujourd'hui, il serait difficile de trouver quelqu'un qui croit que l'univers a toujours existé car le consensus scientifique est que l'univers a eu un commencement. La théorie scientifique dominante actuelle est la théorie de l'évolution. Quelques personnes pensent réellement que la théorie de l'évolution a réglé la question de Dieu. « Si nous sommes le fruit d'une évolution nous n'avons pas besoin d'un Dieu créateur ».

Malheureusement – ou heureusement – la question n'est pas aussi simple que cela. Nous avons dû évoluer *de quelque chose*. Le philosophe Leibniz, il y a trois cent ans, posait déjà la question : « Pourquoi y a-t-il quelque chose plutôt que rien ? ». Pensons-y un instant. Pensez au vide, au vide complet. S'il y a le vide aujourd'hui, qu'y aura-t-il demain ? Rien. Et après-demain ? Rien. Et dans 10 ans ? Rien. Et dans 1000 ans ? Rien. Pourquoi ? Parce qu'il y a une règle en physique qui dit « *Ex nihilo nihil fit* » : *De rien, rien ne vient*. Or, Leibniz fait remarquer qu'il y a manifestement *quelque chose*. La véritable question n'est donc pas « comment se sont passées les choses » (ce à quoi la science peut répondre) mais « pourquoi y a-t-il quelque chose ? ». Cette question n'est pas du domaine de la science.

Au seizième siècle, il fut découvert, peu après la Réforme protestante, que le monde était régi par des lois (la loi de la gravité, la loi de l'inertie, etc.). Auparavant, on pensait que Dieu (ou des dieux) contrôlait tous les aspects de ce qui se passait sur la terre. La science était donc l'étude (et l'utilisation) des lois qui régissent notre monde. S'il n'y avait pas de lois physiques dans le monde il n'y aurait pas non plus de possibilités pour les automobiles de fonctionner ou pour les avions de s'envoler.

Dans notre expérience humaine, il n'y a des lois que s'il y a un législateur (quelqu'un pour faire les lois). C'est un des procédés les plus importants de notre système démocratique : faire des lois et les faire adopter. Pourquoi passons-nous tant de temps à peaufiner des lois et des projets de loi ? Afin que nous ayons une meilleure société, une société plus juste et plus équitable. Un projet de loi mal fait ou mal conçu entraîne souvent des problèmes. Notre société et notre existence entière reposent sur le postulat qu'un monde sans loi n'est pas souhaitable. Non seule ment cela, mais pour que les lois fonctionnent il faut quelqu'un pour les instaurer et quelqu'un pour les faire respecter. C'est pour cela que la police existe : sans police pour donner des contraventions qui respecterait les limites de vitesse ? Sans examen qui étudierait ?

Pour qu'il y ait des lois il faut qu'il y ait quelqu'un derrière. Il en est de même en science : les lois physiques doivent avoir été instaurées par une intelligence.

Imaginons que vous vous promenez sur une île déserte avec votre neveu et que vous trouviez sur le sol une console de jeux vidéo *Playstation 3*. Il serait tout excité mais vous vous poseriez la question : d'où vient-elle ? À qui est-elle ? Vous vous demanderiez qui l'a laissé là… peut être un autre voyageur ? Mais il ne vous passerait jamais à l'idée que le *Playstation 3* était une roche qui, après un processus évolutif de deux millions d'années, complètement dû au hasard, a évolué en *Playstation 3*. Pourquoi ? Tout simplement parce que le *Playstation* est une machine complexe qui demande du temps, du matériel et de l'intelligence pour la construire.

Quand on y pense, l'être humain est la « machine » la plus complexe au monde. Dans ce sens, il est impossible que l'être humain soit le fruit d'une évolution dûe *au hasard*. Au minimum, s'il y avait évolution, il faudrait que quelque chose, *une intelligence conceptrice,* planifie ou guide cette évolution. C'est un peu comme un soufflé au fromage : Si vous ne le supervisez pas vous risquez bien plus de vous retrouvez avec... du fromage, mais pas soufflé car cette simple petite recette « évolutive » demande une supervision, la bonne dose d'ingrédients et la durée exacte de cuisson.

En somme, **même s'il y avait eu évolution,** il faudrait qu'une intelligence créatrice soit derrière et nous revenons alors à la case départ : Qui est-elle ? S'est-elle fait connaître ? Si oui, que veut-elle ? La théorie de l'évolution ne « règle » tout simplement pas la question de Dieu, au contraire, elle nous pointe encore vers lui.

En résumé

- La science nous dit que le monde a eu un commencement.

- La preuve du soufflé au fromage : Ce que nous connaissons du monde nous dit que s'il y a une évolution positive, il faut qu'il y ait une intelligence derrière.

La création : la plus logique des options ?

Si Dieu a créé le monde, qui a créé Dieu ? Voilà, s'exclame l'athée, il est illogique de croire à un dieu sans commencement. Dans les faits, le début de la création est probablement l'énigme la plus incroyable jamais rencontrée. Pourquoi ? Parce que toutes les solutions proposées paraissent illogiques et dépassent notre capacité de comprendre.

Dans le cas du début de notre monde, il est vrai qu'il semble impossible logiquement de concevoir un dieu qui n'a pas de commencement, mais il est aussi tout à fait impossible logiquement de concevoir que le monde n'a jamais eu de commencement ! Ce n'est pas que nous ayons une option folle (la croyance en un Dieu créateur) et une option instruite (la science) mais que toutes les options dépassent notre logique. Le début de l'univers dépasse la compréhension et l'intelligence humaine.

La question maintenant est : des deux solutions illogiques laquelle est la plus plausible ?

C'est le philosophe Aristote qui développa l'argument du « moteur premier » qui deviendra un argument incontournable en faveur de l'existence de Dieu.

Voici son raisonnement : ***Tout effet a besoin d'un cause***. *Pour qu'une boule de billard bouge (effet) il faut que quelque chose l'ait frappée (la cause – la balle blanche).* ***S'il n'y a pas de cause, il n'y a pas d'effet.*** Si je ne frappe pas la balle, elle ne bougera pas.

Aristote souligne un problème : Si nous remontons dans l'échelle des causes nous ne pouvons pas remonter à l'infini. Ceci s'illustre bien par l'exemple de l'arbre généalogique. Quelle est la cause de notre existence sur terre ? Vos parents. Quelle est la cause de l'existence de vos parents ? Vos grandsparents et ainsi de suite. Si quelqu'un remontait dans le temps et tuait vos grandsparents que vous arriverait-il ? Vous n'auriez tout simplement jamais existé, car votre « cause » aurait disparue.

Le problème, selon Aristote, est que si nous remontons à l'infini dans l'échelle des causes, cela revient à dire que nous n'avons jamais eu de **cause première**.

En d'autres mots, je ne peux pas remonter dans l'arbre généalogique à l'infini. Il faut absolument un premier ancêtre ! Mais s'il n'y a pas de cause première, il ne devrait rien y avoir. Nous ne devrions donc pas exister.

Donc, conclusion d'Aristote : si nous existons c'est qu'il doit y avoir une cause première qui existe en elle-même et qui a toujours existé. C'est la seule option logique. Sinon, il n'y aurait RIEN. Or il y a QUELQUE chose.[4]

En d'autres mots, si nous remontons à l'origine de notre univers, nous allons nous retrouver avec de la matière. Mais d'où vient la matière ? Il faut que la matière vienne de quelque part. Nous remontons alors à Dieu. Mais si nous posons la question : Mais d'où vient Dieu, nous remonterons à l'infini, mais cela est impossible. Le choix doit donc être fait entre un Dieu Créateur et un univers qui a toujours existé (ce que la science contredit).

D'autre part, « l'Univers » est quelque chose sans volonté (s'il avait une volonté il serait un dieu et on se retrouve à la case départ !). Le plus logique entre l'Univers qui a toujours existé et Dieu qui a toujours existé est que Dieu ait toujours existé, car seule une intelligence créatrice a le pouvoir de créer l'univers ordonné et complexe que nous avons. En ce sens, aucune des options ne nous semble rationnelle, car les deux options sont aussi irrationnelles l'une que l'autre. Nous ne pouvons pas comprendre davantage intellectuellement l'une que l'autre, mais il y en a une qui est davantage « logique », qui est davantage en ligne avec ce que nous pouvons observer dans l'univers : il y a des lois et des lois proviennent généralement d'une intelligence.

Les deux tableaux suivants illustrent bien ce point :

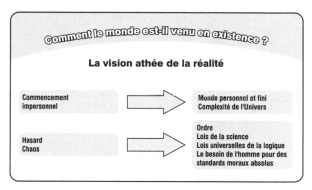

FIGURE 1 : LA VISION ATHÉE DE L'ORIGINE

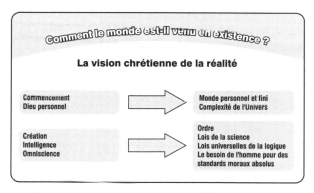

FIGURE 2 : UN MONDE CRÉÉ PAR DIEU

En somme, le monde personnel, rempli de lois et d'ordre dans lequel nous vivons, est beaucoup plus cohérent avec un Dieu créateur personnel à son origine qu'avec un univers impersonnel éternel.

Maintenant que nous avons établi que l'existence de Dieu n'était pas une folie ou une béquille inventée par des gens intellectuellement faibles, nous pouvons nous tourner vers ce que les évangéliques connaissent de ce Dieu créateur.

QUESTIONS DE RÉFLEXION

1) Quelles sont les différentes théories actuelles sur l'origine de l'univers ?

2) Certaines ont-elles plus de sens que d'autres ?

3) La théorie de l'évolution répond-elle à la question « Pourquoi y a-t-il quelque chose plutôt que rien ? ».

4) Peut-il exister des lois sans législateur ?

5) Laquelle des deux options suivantes est la plus logique : 1) L'univers a toujours existé, ou 2)

il existe un Dieu qui existe en lui-même de toute éternité ?
Pourquoi ?

6) Quelle est la différence entre quelque chose d'irrationnel et quelque chose qui dépasse nos capacités, nos limites humaines ?

7) Est-il prévisible que Dieu dépasse notre compréhension humaine ?

2

IL ÉTAIT UNE FOIS... DIEU

LE RÉCIT DE LA GENÈSE

Si, comme nous l'avons démontré dans le dernier chapître, l'option la plus logique est de croire en un Dieu créateur, une personne sensée peut-elle vraiment croire à « Adam et Ève et au jardin » tel que le croient les chrétiens ? Les évangéliques, nous dit-on, sont assez « naïfs » pour croire réellement qu'Adam et Ève sont des personnes historiques qui ont vécu sur terre il y a à peine six mille ans. Est-ce même possible, alors que la science nous dit que le monde est vieux de milliards d'années ?

La Bible nous révèle un Dieu Tout-Puissant qui peut tout faire. Lui serait-il difficile de faire apparaître une nouvelle planète aujourd'hui ? Absolument pas ! **Si un tel Dieu existait, serait-**

il hors de sa portée de créer un univers déjà « adulte » ? Un Dieu tout-puissant serait-il obligé de créer l'univers à son commencement, au jour 1 ? Dieu pourrait créer un être humain de 30 ans et le faire apparaître de nulle part s'il le voulait !

Si Dieu avait créé l'homme et la femme en tant que bébés dans la nature, ils n'auraient pas eu grandes chances de survie. Il n'est donc pas si inconcevable que Dieu les ait créés déjà adultes. Disons que Dieu ait créé Adam avec un âge biologique de 30 ans. Quelle âge aura-t-il à son premier anniversaire ? Un an ou trente et un an ? Physiologiquement il aurait trente et un ans. Il en est de même de l'univers. Un univers au jour 1 n'est pas utile pour concevoir la vie. Dieu aurait facilement pu créer directement un univers adulte (de plusieurs milliards d'années) dès le début.

Une fois que l'on réalise ce qu'un Dieu tout-puissant peut faire, il faut au moins admettre qu'une création presque instantanée est du domaine du possible. Il est d'autant plus intéressant que certains scientifiques ont avancé l'hypothèse de l'époque cambrienne : certaines évidences démontreraient que les différents animaux ne seraient pas apparus successivement mais tous à une même période de l'histoire[5].

Quoiqu'il en soit, il est philosophiquement possible qu'un Dieu tout-puissant puisse créer le monde en six jours (en une seule journée ou même en un instant s'il le voulait) et qu'il lui donne une allure d'un monde de six milliards d'années. Ceci étant dit, les spécialistes bibliques, même évangéliques, débattent encore à savoir s'il faut lire les textes de la création (Genèse 1 et 2) comme un récit poétique, comme une description historique des faits ou un mélange des deux. Par contre, même si le récit de la Genèse était à saveur poétique, d'autres passages nous laissent entendre que le monde a réellement été créé en six jours, notamment le passage des dix commandements :

> « En effet, en six jours l'Eternel a fait le ciel, la terre, la mer et tout ce qui s'y trouve, et il s'est reposé le septième jour. Voilà pourquoi l'Eternel a béni le jour du repos et en a fait un jour saint. » — Exode 20.11

> « Les Israélites respecteront le sabbat en le célébrant, au fil des générations, comme une alliance éternelle. Ce sera entre moi et les Israélites un signe qui devra durer à perpétuité. En effet, en 6 jours l'Eternel a fait le ciel et la terre, et le septième jour il s'est arrêté et s'est reposé. ». — Exode 31.16 17

Jésus lui-même fera référence au récit de la Genèse :

> « *Il répondit : N'avez-vous pas lu que le créateur, au commencement, fit l'être humain et la femme et qu'il dit : C'est pourquoi l'être humain quittera son père et sa mère, et s'attachera à sa femme, et les deux deviendront une seule chair ?* » — MATTHIEU 19.4-5

En somme, il est *possible* que récit de Genèse 1-3 soit écrit de façon symbolique, poétique, mais s'il est écrit de façon symbolique, un symbole renvoie à quelque chose, c'est-à-dire qu'un symbole pointe vers une réalité. Par exemple, la grande arche dorée est le symbole de *McDonald's*. Quand nous voyons le symbole nous comprenons qu'il y a un « McDo » dans les environs sinon le symbole serait vide de sens. Il en est de même du texte de Genèse 1-3 : Même s'il était écrit de façon symbolique, le texte pointe à la réalité de la création et du fait que Dieu a fait l'être humain et la femme à son image, différents des animaux.

UN SEUL DIEU

La prière la plus fréquente du peuple d'Israël était celle-ci : « *Ecoute, Israël ! [Yavhé] L'Eternel, notre Dieu, est le seul Eternel. Tu aimeras l'Eternel, ton*

Dieu, de tout ton cœur, de toute ton âme et de toute ta force » Deutéronome. 6.4-5.

Cette parole sera reprise par Jésus : « *Jésus répondit : « Voici le premier : Ecoute, Israël, le Seigneur, notre Dieu, est l'unique Seigneur et tu aimeras le Seigneur, ton Dieu, de tout ton cœur, de toute ton âme, de toute ta pensée et de toute ta force.* » (Marc 12.29-30). Cette parole met réellement l'accent sur le fait qu'il n'y a qu'un seul Dieu et que son nom est Yavhé (qui signifie : celui qui est ; je suis celui que je suis ; je serai qui je serai).

UN DIEU OU L'AUTRE, EST-CE VRAIMENT IMPORTANT ?

Revenons dans l'histoire. Vous connaissez probablement Alexander Graham Bell, mais vous êtes peut-être moins familier avec Elisha Gray. Graham Bell est l'inventeur du téléphone... ou l'est-il vraiment ? Saviez-vous que plusieurs personnes ont dit avoir inventé le téléphone ? Elisha Gray est une de ces personnes. Selon l'histoire populaire, Bell aurait déposé son brevet pour le téléphone, le 14 février 1874, une à deux heures seulement avant Gray qui aurait alors perdu les droits à son invention. Dans les faits, l'histoire, nous dit-on, est peut être bien différente ! Selon certains, Bell n'était pas même dans la ville et ne serait revenu de Boston qu'une dizaine de jours plus tard. Gray serait en fait arrivée tôt le matin au bureau des brevets et aurait attendu jusqu'en après-midi alors que Bell, par les voies de son avocat, aurait envoyé sa demande de brevet pour être examiné « express ». Elle aurait été approuvée alors que Gray attendait encore dans la salle ! « Qui est le véritable inventeur du téléphone ? ». Le tribunal a finalement tranché, après des années de procès, en faveur de Bell, mais il semble être bien possible qu'il ait volé l'idée à Gray. Comment vous sentiriez-vous si vous étiez Élisha Gray et que pendant des siècles votre nom ne serait pas même mentionné lorsque l'on parle de l'invention du téléphone et que les gens disent : « Qu'importe ? Un scientifique ou l'autre c'est du pareil au même ! » ? Si vous étiez Gray vous seriez probablement fâchée, déçue, trahie.

Si Yavhé (le Dieu chrétien] est le créateur de l'Univers comment se sent-il quand certains disent : « Que ce soit Dieu, Allah, Bouddha ou les Élohims ! Quelle importance ? C'est du pareil au même ! ». C'est un peu comme dire : « Les chinois se ressemblent tous ». C'est tout simplement offensant.

Tout comme avec l'histoire de Bell et de Gray, les deux ne peuvent pas avoir inventé le téléphone en même temps. Un est le « vrai » inventeur et l'autre le faux. Le pluralisme[6] n'est pas un phénomène unique au vingt-et-unième siècle. Il en était de même au temps de l'Ancien Testament. Voyons ce que Yavhé dit dans le prophète Ésaïe :

> « *En effet, voici ce que dit l'Eternel [Yavhé], le créateur du ciel, le seul Dieu, qui a façonné la terre, l'a faite et l'affermit, qui l'a créée pour qu'elle ne soit pas déserte, qui l'a formée pour qu'elle soit habitée : C'est moi qui suis l'Eternel et il n'y en a pas d'autre* ».* — ÉSAÏE 45.18

QUEL DIEU ?

Il est possible que toutes les religions soient fausses, mais il est impossible qu'elles soient toutes vraies en même temps. Il est possible que personne n'ait raison, mais il est impossible que tout le monde ait raison en même temps. Dieu ne peut pas à la fois être personnel et impersonnel. Il ne peut pas y avoir qu'un seul Dieu et 33 000 comme le pensent certaines religions orientales. Dieu ne peut pas à la fois exister et ne pas exister. Comme le souligne Ravi Zacharias, un philosophe chrétien : Les gens pensent que, dans le fond, les religions sont toutes du pareil au même et qu'elles **ne sont que superficiellement diffé-rentes,** alors que dans la réalité elles sont **superficiellement les mêmes mais profondé-ment différentes.** Sur toutes les questions majeures, les religions diffèrent drastiquement, que ce soit au sujet de la question des origines, de la moralité, de l'éthique, de notre destinée finale ou de la nature et du caractère de Dieu.

La question fondamentale est donc : Peut-on savoir quel Dieu est le bon et si oui, comment ?

UN DIEU QUI DOIT SE RÉVÉLER

Nous sommes au match de la coupe Grey au football. L'atmosphère est à son comble. Le score est 21 à 21 et il ne reste que sept secondes au jeu. Une des équipes est à une distance raisonnable des buts adverses et tentera de faire un botté. La foule est assise sur le bout de son siège et retient son souffle. Le jeu débute et le « botteur » botte le ballon qui s'élève dans les airs en direction du but. Le tir semble être bon quand soudain, à quatre mètres des buts, le ballon s'immobilise en plein dans les airs et ne bouge plus. La foule se lève et rugit. Mais le ballon flotte toujours sans raison dans les airs. Imaginons que ce soit un ange en fait qui, voulant jouer un tour aux humains, ait décidé de maintenir le ballon dans les airs. Comment pourrions-nous le savoir ?

Un groupe de scientifique pourrait bien venir, mais ne pourrait pas (et ne voudrait probablement pas) arriver à la conclusion que c'est un ange qui tient le ballon dans les airs. En tant qu'êtres humains, nous sommes des êtres limités à quatre dimensions et à cinq sens. Nous n'expérimentons la réalité qu'à l'intérieur de nos limites. La mouche, par exemple, ne voit qu'en deux dimensions. Qui de nous ou de la mouche expérimente la « vraie » réalité ? Probablement les deux mais selon des perceptions différentes. En ce sens, il existe très probablement des domaines de réalité qui nous sont inaccessibles en tant qu'êtres humains limités. L'infiniment petit en est un exemple. Qui d'entre-nous a réussi à voir un élection de ses yeux ? **Nous ne pouvons que capter ce qui nous est accessible par nos sens**. Si un ange tient le ballon et qu'il existe dans un autre mode de réalité, la seule façon pour nous de le constater est si, d'une quelconque façon, il se révèle à nous (qu'il apparaisse, qu'il se fasse entendre, etc.). Il en de même avec Dieu. La seule façon de connaître Dieu est s'il se révèle à nous d'une quelconque façon. Dans un film, quand nous voyons les acteurs, nous soupçonnons qu'il y a bien un directeur. La seule façon de savoir qui il est, est s'il se manifeste à nous (généralement dans les suppléments du DVD).

La figure 3 ci-dessous représente le Réel (le grand rectangle) et notre expérience de ce réel (le petit rectangle). Certains éléments de la réalité se trouvent à l'intérieur et d'autres à l'extérieur de nos perceptions. La terre, l'air, les images et beaucoup de choses physiques nous sont accessibles. Par contre, les anges, les esprits, d'autres dimensions et Dieu ne nous sont pas accessibles par nos sens.

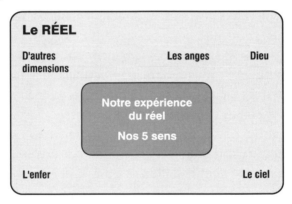

FIG. 3 : NOTRE EXPÉRIENCE DE LA RÉALITÉ

Trois options existent au sujet de la réalité (et ce sont les mêmes concernant l'existence de Dieu). La perspective athée[7] affirme : « Il n'y a rien en dehors de notre rectangle ». La perspective agnostique[8] dit « On ne peut pas savoir ce qui est en dehors de notre rectangle », et la position théiste dit : « Je sais ce qu'il y a en dehors du rectangle car Dieu s'est révélé à l'intérieur de nos sens ».

Pour pouvoir dire « Il n'y a rien en dehors du rectangle » il faudrait posséder toute la connaissance au monde. C'est comme affirmer : « Il n'existe, pour sûr, aucune autre vie dans l'univers ». Pour pouvoir l'affirmer, il faudrait avoir été partout ailleurs dans l'univers. L'athéisme est philosophiquement impossible car pour affirmer catégoriquement la non-existence de Dieu, il faudrait nous-mêmes avoir la connaissance de Dieu. La seule autre option réelle c'est l'agnosticisme. Mais pour pouvoir arriver à cette conclusion, il faut au moins avoir cherché ! On ne peut pas affirmer que l'on ne peut pas savoir si l'on n'a pas investigué ce qui affirme être « la révélation de Dieu ».

En somme, si Dieu s'est révélé, il faut qu'il l'ait fait dans un langage que l'on puisse comprendre et selon des critères vérifiables (Fig. 4). Plusieurs religions affirment avoir « la révélation de Dieu ». Toutes ne peuvent pas avoir raison. Si Dieu existe, il faut donc qu'il possible de découvrir laquelle est la véritable révélation de Dieu. Toutes les religions (ou philosophies) doivent répondre aux fameuses « grandes questions existentielles » : 1) D'où venons-nous ? 2) Où allons-nous ? 3) Pourquoi y a-t-il de la souffrance sur la terre ? 4)

Comment devrions-nous agir ? 5) Qui sommes-nous (quelle est notre valeur, nos buts ?).

EN RÉSUMÉ

Dieu est en dehors des perceptions normales que l'être humain peut percevoir avec ses sens. La seule façon pour l'être humain de connaître Dieu, sa personne ou sa volonté est que Dieu se révèle à l'être humain dans un langage que celui-ci peut comprendre.

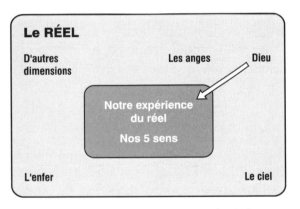

FIG. 4 : IL FAUT QUE DIEU SE RÉVÈLE DANS NOTRE SPHÈRE

Les chrétiens évangéliques croient que Dieu s'est révélé de plusieurs façons. Premièrement, Dieu se révèle par Sa création comme on peut le lire en Romains 1.20 : « En effet, les perfections invisibles de Dieu, sa puissance éternelle et sa divinité, se voient depuis la création du monde, elles se comprennent par ce qu'il a fait. Ils sont donc inexcusables, on peut voir la main de Dieu au travers la beauté de la création quand on prend le temps de s'arrêter pour y réfléchir ». Deuxièmement, il s'est révélé par les prophètes (les prophètes et leurs écrits). Dieu a choisi, tout au long de l'histoire, des individus qui ont été spécialement inspiré par Dieu pour être ses porte-paroles auprès des hommes. On retrouve ce que ces prophètes ont enseigné de la part de Dieu dans l'Ancien Testament. En troisième et dernier lieu, Dieu s'est révélé d'une manière formidable en Jésus-Christ : Dieu lui-même est venu sur terre et devient un homme. C'est ce que nous retrouvons dans le Nouveau Testament.

La table étant bien mise, nous pouvons maintenant examiner plus en détail cette révélation de Dieu dans laquelle croient les chrétiens évangéliques. Terminons avec ce passage de Paul qui résume bien ce que nous croyons sur Dieu :

> *« Mais pour ce qui nous concerne, il n'y a qu'un seul Dieu : le Père, de qui toute chose vient, et pour qui nous vivons, et il n'y a qu'un seul Seigneur : Jésus-Christ, par qui tout existe et par qui nous sommes ».*
> — 1 Corinthiens 8.6 (Version du Semeur)

AVANT D'ALLER PLUS LOIN...

Jusqu'à maintenant, dans nos deux premiers chapitres, nous nous sommes attardés sur le fait que croire en un Dieu créateur n'était pas irrationnel ou anti-scientifique (chapitre 1) et nous avons établi que si un Dieu existe, la seule façon pour l'être humain de le savoir est si ce Dieu se révèle à celui-ci dans un langage qu'il peut connaître (chapitre 2). Nous sommes conscients que cela ne **prouve pas** l'existence de Dieu ou la véracité du christianisme. Ces deux chapitres sont-là pour nous démontrer qu'il est pertinent de se poser la question et d'investiguer ce que les évangéliques croient. Si Dieu existe et qu'il se révèle, il se pourrait que Dieu se soit réellement révélé au travers de la Bible et au travers de Jésus-Christ.

Pour juger si quelque chose est raisonnable et digne de confiance, il faut avoir tous les éléments. C'est dans ce sens que je vous encourage à continuer de lire tout en suspendant, encore quelques instants, votre jugement final. Les prochains chapitres nous lanceront au cœur des croyances et convictions des chrétiens évangéliques.

QUESTIONS DE RÉFLEXION

1) Quelles recherches avez-vous faites dans votre vie au sujet des religions ?

2) Prenez un temps de réflexion. Quelle réponses donnez-vous aux questions suivantes :

   - D'où venons-nous ?
   - Où allons-nous ?
   - Pourquoi y a-t-il de la souffrance sur la terre ?
   - Comment devrions-nous agir ?
   - Qui sommes-nous (quelle est notre valeur, nos buts ?)

3) Que pensez-vous de l'énoncé : « Les religions sont superficiellement les mêmes mais profondément différentes » ?

4) Quelle est la différence entre un athée et un agnostique ?

5) L'athée peut-il affirmer que Dieu n'existe pas ? Pourquoi ?

6) L'agnostique peut-il affirmer qu'on ne peut pas savoir si Dieu existe ou non ?

7) Si Dieu existe et qu'il est à l'extérieur du monde physique, comment puis-je savoir s'il existe ?

LA GRANDE
SÉDUCTION

La séduction. Beaucoup de chose reposent sur la séduction dans notre monde. Vendre un produit, trouver l'âme-sœur, décrocher un emploi. Mais qu'est ce que la séduction dans le fond ? Séduire c'est tenter de convaincre l'autre de quelque chose qui n'est généralement pas vrai, ou pas entièrement vrai. Au début d'une relation les gens tentent souvent de séduire l'autre, ou en d'autres mots de présenter leur meilleur côté afin d'attirer l'autre par qui ils ne sont pas vraiment. Ce n'est qu'une fois que l'autre personne est bien accrochée que notre véritable « nous » fait surface.

Dans le film québécois « La Grande Séduction », une île ouvrière tente par tous les moyens de faire croire au médecin en visite que l'île est l'endroit idéal pour vivre. Ils ont en effet besoin d'un médecin pour que s'ouvre une usine. Ils tentent donc par des stratagèmes plus loufoques les uns que les autres de « séduire » le pauvre docteur.

La séduction ne date pas d'hier. On la trouve aussi au tout début de l'humanité. La Bible nous dit qu'au commencement, Dieu créa les cieux, la terre, l'univers et tout ce qui s'y trouve. Il y créa aussi l'homme et à la femme, qu'il créa supérieurs à tous les animaux. Il les créa spécifiquement à l'image de Dieu (Genèse 1.27).

Dieu donna à l'être humain le mandat « créationnel » : « Prends plaisir dans tout ce que j'ai créé, aie une famille, multiplies-toi, prends soin de la terre et de tous les animaux ». Dieu n'a pas créé l'être humain pour le ciel ou pour qu'il flotte sur un nuage pour toute l'éternité. Il a créé l'être humain pour vivre, travailler sur la terre, avoir une famille et respecter Dieu, adorer Dieu.

Ce passage de l'Ancien Testament résume bien ce que Dieu demandait de l'être humain : « *On t'a fait connaître, homme, ce qui est bien et ce que l'Eternel demande de toi : c'est que tu mettes en pratique le droit, que tu aimes la bonté et que tu marches humblement avec ton Dieu.* ». Michée 6.8

Marcher humblement avec Dieu. En d'autres mots, que tu reconnaisses que Dieu est Dieu et que toi, tu es la créature. L'histoire biblique nous dit que Dieu avait interdit à l'être humain une seule chose : l'arbre de la connaissance du bien et du mal, ou en d'autres mots, de décider pour lui-même ce qui est le bien et le mal. Quand un enfant décide de toucher le rond de la cuisinière malgré l'avertissement de ses parents, il estime son choix comme supérieur ou meilleur que celui de ses parents. Il décide de ce qui est bien pour lui-même.

Dans notre récit, Dieu avait interdit à l'être humain et à la femme de manger du fruit de la connaissance du bien et du mal. La conséquence de la désobéissance serait la mort. Il est à noter qu'à l'origine la mort ne faisait pas partie du plan initial pour l'humanité. Mais le serpent, l'incarnation du mal, vint voir la femme et lui demanda : « N'avez-vous pas le droit de manger de tous les arbres du jardin ? ». Quand la femme explique qu'elle peut manger de tous les arbres sauf de celui-là, le serpent sème le doute : « En fait, tu as mal compris. Dieu c'est un « croche ». Il sait bien que le jour où tu en mangeras tu deviendras un dieu ».

Le problème dans tout cela n'est pas d'avoir pris le fruit d'un arbre, mais le symbolisme derrière cet acte : la recherche d'autonomie par rapport à Dieu. Le mot autonome vient de deux mots

grecs : *autos* et *nomos* qui signifie « sa propre » et
« loi ». Les hommes ont tenté de faire leur propre
loi, de vivre selon leurs propres règles plutôt que
de suivre la *theonomos*, la loi de Dieu, qui
pourtant visait le bien-être de l'humanité. L'auto-
nomos n'est rien d'autre qu'une déclaration de
guerre envers Dieu.

Bien plus tard, Jésus résumera toute les lois de
Dieu en deux commandements : « 1) Aime ton
Dieu de toute ta force, de tout ton cœur, de toute
ton âme et de tout ton esprit et 2) aime ton
prochain comme toi même ». Il existe d'ailleurs
une chanson écrite par le québécois Raymond
Lesvesque[9] qui a ces paroles :

« Quand les hommes vivront d'amour, il y aura la
paix sur la terre, les soldats seront troubadours,
mais nous nous serons morts mon frère ». Ça fait
réfléchir. Si tous les gens obéissaient aux commandements de Dieu, si tout le monde aimait
Dieu et son prochain, il y aurait la paix sur la
terre ! Que sont les guerres, si ce n'est que la
volonté d'avoir plus que l'autre, de le dominer ?
On dit que 20 % de la population mondiale
possède 80 % des richesses mondiales. Nous
avons à notre portée la possibilité d'éradiquer la
faim dans le monde et la pauvreté. Mais cela
n'arrivera pas tant que les hommes n'y seront pas
forcés.

« Le jour où tu en mangeras, tu mourras » avait averti Dieu. Une des conséquences de cette rébellion envers les règles de Dieu a été la mort. Il n'a pas fallu une génération (30 ans) pour que l'être humain se tourne l'un contre l'autre. Déjà au quatrième chapitre de la Bible on nous raconte l'histoire du premier meurtre : Caïn tua son frère Abel. Pourquoi donc ? À cause de la jalousie, parce qu'Il voulait quelque chose que l'autre avait. S'il est vrai que la technologie a avancé, les motivations humaines, elles, demeurent les mêmes. Il n'en faut pas beaucoup à l'être humain pour s'exterminer : un nez un peu plus grand est bien suffisant[10] !

La conséquence de la « chute »[11] de l'être humain a entraîné des conséquences même dans ses relations les plus proches. Dieu dit à la femme : « Tes désirs se porteront vers ton mari, mais lui, il dominera sur toi ». (Genèse 3.16). N'est-ce pas là un résumé de la relation homme-femme pendant toute l'histoire ?

En résumé la chute a amené beaucoup de malédictions :

- La création d'un mur entre l'être humain et Dieu, (État de guerre avec Dieu).

- L'avènement de la mort physique et de la souffrance.

- Les difficultés entre l'être humain et la femme.

- Les guerres, la recherche du pouvoir, de la domination, etc.

POURQUOI LA MORT ?

La mort a été la conséquence principale de l'autonomie, du « péché » de l'être humain. Un des sens du mot « péché » est « manquer le but ». Par exemple, avec un couteau, on peut beurrer mais on peut aussi tuer. Le péché c'est tordre ce que Dieu a créé.

Mais pourquoi la mort ? N'est-ce pas un peu drastique ? Voici ce que nous dit la suite du texte :

> « L'Eternel Dieu dit : « Voilà que l'être humain est devenu comme l'un de nous pour la connaissance du bien et du mal. Maintenant, empêchons-le de tendre la main, de prendre aussi du fruit de l'arbre de vie, d'en manger et de vivre éternellement ! »
> — GENÈSE 3.22.

Imaginons uniquement un instant qu'Hitler, Napoléon, Alexandre le Grand et Néron aient été immortels ? Dans quel genre de monde vivrions-nous ? La mort rend le mal temporaire, elle met un terme au mal.

Dans un deuxième temps, la mort rappelle à tout être humain une réalité brutale : il n'est pas dieu.

> *« C'est pourquoi ainsi parle le Seigneur, l'Éternel : Parce que tu prends ta volonté pour la volonté de Dieu, [...] tu mourras [...] En face de ton meurtrier, diras-tu : Je suis Dieu ? Tu seras homme et non Dieu Sous la main de celui qui te tuera ».*
> — Ézéchiel 29.6-9 (Version du Semeur)

La mort est la seule constante de la vie. Cent pour cent des hommes qui vivent meurent. Peu importe comment nous aurons vécu ou ce que nous aurons cru au sujet de Dieu et de l'après-vie, nous mourrons un jour. Nous passerons tous par la même porte de la mort. Nous nous retrouverons tous de l'autre côté et nous ferons tous face à la même réalité peu importe nos croyances.

La Bible nous dit qu'il n'est donné à l'être humain que de mourir une seule fois, après quoi vient le jugement (Hébreux 9.27). Au jugement, nul ne sera trouvé juste devant Dieu car tous ont péché, tous se sont rebellés contre Dieu (Romains 3.10,23). Il n'y a pas de juste, pas même un seul

(Ecc 7.10, Romains 3.10). En d'autres mots, quoique l'on fasse, le jugement sera le même : le jugement des rebelles, le jugement des gens coupables de haute trahison. Même nos bons coups ne compenseront pas pour toute une vie passée à vivre comme nous le voulons.

La grande séduction du commencement était réellement une GRANDE séduction car elle a des conséquences **éternelles**. Mais Dieu n'est-il pas bon, compatissant, lent à la colère ? Sa miséricorde ne dure-t-elle pas à toujours ? Le groupe *Mes Aïeux*, dans sa chanson « Ça va mal »[12], présente le personnage principal qui est assassiné après avoir eu une relation sexuelle avec la femme du député libéral du comté. Il se retrouve devant Dieu qui lui ouvre les portes du paradis. Notre jeune homme est bien déçu : « c'est en enfer qu'il aurait aimé aller car il avait un compte à rendre à un certain député ! ». N'en reste-t-il que le fameux député est admis tout de même au ciel car là aussi « il y avait des amis » ! La chanson se termine : « Le paradis est pourri, s'il n'y a pas de justice au ciel ! ».

Il y a toute une réalité dans cette phrase. Imaginez que vous mourrez et St-Pierre vous accueille à la porte du ciel. Il vous montre votre nouvelle demeure, mais il dit : « N'oubliez pas de fermer votre porte à clé ». « Verrouiller la porte, vous exclamez-vous, ne sommes-nous pas au ciel ? Oui, répond St-Pierre, mais on a laissé entrer tout le monde !

Un ciel sans justice ce serait tout simplement l'enfer... Dans un sens, les gens qui disent que « la terre c'est l'enfer » n'ont pas tout à fait tort. La vie sur terre, avec tout le mal présent, est certainement un avant-goût d'un monde complètement sans Dieu. La Bible nous dit cependant que Dieu retient le mal, qu'il lui met actuellement des limites.

Nous sommes donc devant un problème de taille : comment faire pour que le ciel ne soit pas l'enfer ? Ou même, tout simplement, pour que le que ciel ne ressemble pas à la terre que nous avons aujourd'hui ?

Pensons-y un instant. Imaginez une personne que vous n'aimez pas. (Pas vous, je le sais, vous aimez tout le monde !). Imaginez alors que je vous envoie en vacances, dans un chalet avec cette personne pendant deux semaines et qu'il n'y ait ni portes ni fenêtres. Allez-vous apprécier votre séjour ? Bien sûr que non ! Pour vous ce serait l'enfer ! De la même façon, le ciel serait l'enfer pour quelqu'un qui n'a jamais rien voulu savoir de Dieu pendant sa vie. Imaginez la joie pour un athée d'entendre qu'il passera l'éternité en présence de Dieu. D'une certaine façon, pour les rebelles, même le ciel serait l'enfer.

Dieu le dit clairement dans sa Parole : « Je ne laisserai pas aller le coupable pour innocent » (Nombres 14.18). La Bible nous dit que Dieu use de patience, nous donnant la chance à tous de changer de vie. Si Dieu « zappait » les hommes à chaque fois que l'on fait quelque chose de mal, il ne resterait plus grand monde sur cette terre ! En quelque sorte, la patience de Dieu c'est un peu comme une carte de crédit. C'est « Péchez maintenant payez plus tard... ». Pour utiliser l'image, à chaque fois que l'on pèche on met quelque chose sur la carte de crédit. Le problème, comme dans la vraie vie, c'est que c'est un cercle vicieux. On essaie de rembourser mais on ne réussit qu'à rembourser les intérêts ! Mais il viendra un jour, où « la banque » (le jour du jugement) nous demandera de rembourser le montant complet et ce jour-là on se rendra bien compte que nous ne le pouvons pas. Nous ferons faillite spirituellement parlant et il ne restera qu'à nous enfermer pour « fraude ».

En contrepartie, le plan de Dieu, dès le début, était que l'être humain ne meure pas et qu'il demeure dans une société, un monde, régit par les règles de Dieu. **Le plan de Dieu est que l'on vive bien et que l'on vive pour toujours.** C'est ça que la Bible appelle la *vie éternelle*. Comme le disait St-Augustin : « Dieu, tu nous as créé pour t'adorer et notre cœur est sans repos jusqu'à ce qu'il trouve le repos en toi ». La vie éternelle c'est à la fois trouver, connaître Dieu aujourd'hui sur cette terre, avoir cette paix réelle, et avoir cette espérance de vivre pour toujours avec lui quand Dieu restaurera toutes choses.

C.S Lewis disait qu'il y avait deux types de personnes sur la terre : Ceux qui disent à Dieu « Que ta volonté soit faite » et ceux à qui Dieu va dire au jour du jugement : « Que ta volonté soit faite » ou « Qu'il en soit fait selon ce que tu as décidé dans ta vie ». La Bible parle d'une éternité sans Dieu pour ceux qui ne deviennent pas des disciples de Jésus-Christ, pour tout ceux dont le nom n'est pas écrit dans le livre de la vie (Matthieu 25.41).

Il n'y a que deux options : la vie éternelle ou être loin de Dieu pour l'éternité, ce qui est appelé « l'enfer ». La Bible ne nous donne pas beaucoup d'informations sur ce que sera exactement l'enfer. Le folklore et la pièce de Dante influencent beaucoup l'image que nous en avons. Si la Bible nous donne l'image d'un lac de feu, elle nous donne aussi plusieurs autres images : un endroit de regrets amers, une place de feu où l'on est tourmenté, elle parle de la destruction totale, d'être laissé au-dehors, d'un état de ruine totale, etc. Cette diversité dans l'Écriture fait qu'il existe chez les évangéliques des conceptions quelques peu différentes de ce que sera exactement l'enfer. Par contre, tous s'entendent sur le fait que ces images diverses sont des images **d'un jugement réel et bien concret.** En somme, ce qui est à retenir c'est que, quoi que ce soit exactement l'enfer, personne ne veut être là pour l'éternité.

Mais qui peut bien avoir la vie éternelle ? À cause de la Grande Séduction, personne. Mais devant l'Empire du péché, il y a plus de 3000 ans, Dieu a laissé jaillir un nouvel espoir : L'Élu viendra et il sera le seul espoir de l'humanité. Son nom est Christ, Jésus-Christ.

QUESTIONS DE RÉFLEXION

1) Si tu étais Dieu, quel genre de monde aurais-tu créé ?

2) Si tu étais Dieu, que pourrais-tu faire pour que les gens soient heureux ?

3) Est-ce qu'il y a des choses qui seraient interdites de faire ? Pourquoi ou pourquoi pas ?

4) Peut-on forcer les gens à être heureux ? À faire les bons choix ?

5) Comment règlerais-tu le problème suivant : Tu as créé un monde parfait, mais malgré cela les humains ont décidé de faire le mal. Comment corriges-tu la situation ? Pourquoi ?

6) Que ferais-tu avec les meurtriers, les violeurs, les voleurs, les menteurs qui après tout commettent le mal malgré le fait que tu désires le bonheur pour tous ?

4

UN DIEU
QUI PREND LA
PAROLE

Comme nous l'avons vu, si Dieu désire
nous parler il doit se révéler à nous dans un
langage que nous pouvons comprendre. La
Bible nous souligne justement que c'est dans
notre langage que Dieu s'est révélé à nous. Il
l'a fait principalement au travers de prophètes,
de porte-paroles qui parlaient en son nom.
Comment savoir que ces porte-paroles venaient
réellement de Dieu ? Dieu lui-même avait donné
des ordres à ce sujet :

> « *Peut-être diras-tu dans ton cœur :
> 'Comment reconnaîtrons-nous la
> parole que l'Eternel n'aura pas dite ?'
> Quand ce que dira le prophète n'aura
> pas lieu et n'arrivera pas, ce sera une
> parole que l'Eternel n'aura pas dite.*

> *C'est par arrogance que le prophète*
> *l'aura dite. N'aie pas peur de lui.* »
> — Deutéronome 18-21-22

On reconnaît le vrai prophète parce que 1) sa prophétie s'accomplissait et 2) sa parole était accompagnée de signes miraculeux. Dans notre société, nous utilisons souvent le mot « prophète » dans le sens de « prédiseurs de l'avenir », mais ce n'est là qu'une des fonctions du prophète biblique. Le prophète biblique est avant tout un porte-parole de la parole de Dieu et c'est cette parole qu'il adresse au peuple et aux rois de son époque.

Au travers des prophètes, Dieu prononce souvent des paroles contre des injustices sociales qui oppressent les pauvres et les veuves. Mais de tous les temps, l'être humain n'a pas aimé les messages de Dieu. Plusieurs des prophètes ont été mis à mort par les hommes qui n'aimaient pas le message qu'ils entendaient. Le prophète Jérémie, par exemple, a été scié en deux dans un arbre dans lequel il se cachait de ses ennemis.

Le plus extraordinaire c'est que les prophètes n'ont pas seulement adressé les situations de leur temps mais ont aussi annoncé la venue du Messie, du libérateur, de l'Élu. Les messages des prophètes se résumaient donc à deux choses : 1) Repentez-vous ! Cesser d'agir comme si vous étiez dieu, revenez au vrai Dieu ! Et 2) Le messie s'en vient. Il viendra restaurer la justice et contrer les rebelles.

Les prophètes avaient conscience de dire les paroles de Dieu. L'expression « Voici ce que dit l'Éternel » revient plus de 275 fois dans la Bible. Les paroles que les prophètes ont prononcées de la part de Dieu ont été mises par écrit dans l'Ancien Testament. C'est en ce sens que la Bible est la parole de Dieu. Dieu a inspiré des hommes pour écrire la Bible.

« Toute l'Écriture est inspirée de Dieu et utile pour enseigner, pour convaincre, pour corriger, pour instruire dans la justice, afin que l'être humain de Dieu soit formé et équipé pour toute œuvre bonne ». 2 Timothée 3.16-17

Le mot « inspirée » vient du mot grec *theopneutos* et se traduit littéralement « soufflée de Dieu ». Il y a ici un certain mystère : l'auteur humain apporte à la Bible son style, son intelligence, ses qualités et Dieu, en même temps, y apporte l'inspiration divine. C'est un mystère semblable à celui de l'incarnation où Dieu, en Jésus, est entièrement homme et entièrement Dieu. La Bible est l'entière parole de Dieu, écrite au travers des hommes, mais sans jamais être entachée par le péché ou l'erreur.

Commençant avec Moïse, le premier prophète de l'histoire, Dieu s'adressa aux humains pendant près de deux mille ans avant que ne vienne celui que l'on a appelé « la parole de Dieu devenue humaine » (Jean 1.14). D'ailleurs, Jésus lui-même ne cessait de puiser dans l'Ancien Testament pour montrer que sa venue était annoncée depuis des centaines d'années : « Puis, en commençant par les écrits de Moïse et continuant par ceux de tous les prophètes, il leur expliqua dans toutes les Ecritures ce qui le concernait. ». Luc 24.27

JÉSUS ET LA PAROLE

Jésus n'était pas seulement un prophète, il était « le prophète » par excellence. Il était Dieu venu sur terre. En ce sens, tout ce qu'il disait était parole de Dieu. Jésus disait : « *Si quelqu'un m'aime, il gardera ma parole et mon Père l'aimera ; nous viendrons vers lui et nous établirons domicile chez lui. Celui qui ne m'aime pas ne garde pas mes paroles, et la parole que vous entendez ne vient pas de moi, mais du Père qui m'a envoyé.* » (Jean 14.23-24). Être chrétien, être disciple de Jésus c'est suivre sa Parole qui n'est nulle autre que la parole de Dieu.

Le message de Jésus est particulièrement important : c'est lui qui était le Messie annoncé. C'est vers lui que pointait tout l'Ancien Testament. Son message et sa vie sont au centre de ce que Dieu désire pour l'humanité.

La parole de Dieu écrite : La Bible

Aucun livre dans toute l'histoire de l'humanité n'a eu de plus grand impact que la Bible sur les sociétés. À tel point que la Bible est appelée « LE » livre. Premier livre imprimé dans les presses de Gutenberg, il est le livre qui a été le plus vendu, donné, encouragé et le plus interdit de lire dans toute l'histoire. De nombreuses civilisations, dont la nôtre, ont été basées sur la moralité et les principes judéo-chrétiens de la Bible.

La Bible est une collection de soixante-six livres[13] unique en son genre. Près de 40 auteurs sur plus de deux mille ans d'écriture, mais pourtant un fil conducteur qui relie le tout du commencement du monde (Genèse) jusqu'à son achèvement encore à venir (l'Apocalypse). Ses auteurs ont été des rois, des philosophes, des haut-dignitaires mais aussi des bergers, des pêcheurs, des collecteurs d'impôts. Le message de la Bible est à la fois tellement simple qu'un enfant peut le comprendre et tellement profond qu'un théologien pourrait l'étudier toute sa vie sans jamais en voir le fond. On y retrouve de l'histoire (du monde et plus particulièrement du peuple d'Israël), de la poésie (Psaume, Proverbes), de la philosophie (Écclésiaste), des livres prophétiques, des récits de vie (évangiles), des lettres écrites à de jeunes églises (Philippiens, Éphésiens) et à des individus (Philémon, Timothée) et une Apocalypse. Le Nouveau Testament contient 27 livres, tous écrit avant la fin du premier siècle de notre ère donc avant 100 après Jésus-Christ.

Au contraire de ce que certains croient, ce n'est pas l'église qui a « décidé » quels livres accepter dans le Nouveau Testament. C'est plutôt qu'elle a su reconnaître la main de Dieu sur les auteurs bibliques. Le processus s'appelle la canonisation. Ce processus s'est étendu sur quatre siècles.

Les premiers chrétiens ne bénéficiaient pas de la Bible dans son entièreté. Ils possédaient l'Ancien Testament qui était pour eux la Parole de Dieu. En plus de cela, ils possédaient la tradition orale des enseignements de Jésus et l'enseignement des apôtres choisis et enseignés par Jésus-Christ.

Les premiers écrits du Nouveau Testament sont les lettres de Paul écrites à des églises ou à des groupes d'églises. Les premiers chrétiens ont par la suite regroupé ensemble les diverses lettres que Paul avait écrites. Il est même possible que Paul lui-même ait fait une édition de certaines de ses lettres qui voyageaient ensemble. Les quatre évangiles, écrits séparément, furent rapidement mis ensemble. Beaucoup est dit de nos jours sur l'Évangile de Juda et l'Évangile de Thomas. Mais mis à part un brouhaha médiatique important sur ceux-ci, les experts bibliques n'y voient en rien une raison de remettre en doute le récit présenté par les quatre évangiles que l'on retrouve dans nos bibles. L'Évangile de Thomas et de Juda sont des évangiles écrits beaucoup plus tard, 100 ans après les autres, issus de groupes appelés les gnostiques qui n'ont rien à voir avec les disciples de Jésus. Dans les faits plusieurs des apôtres ont combattu les premiers « gnostiques » notamment dans les Épîtres de Jean et dans la lettre de Paul aux Colossiens, tout deux retrouvés dans le Nouveau Testament.

Quand ils furent finis d'être écrits et rassemblés, les livres du Nouveau Testament furent donc rajoutés à l'Ancien Testament comme faisant partie de « la parole de Dieu » en ce qu'ils sont les paroles de Jésus ou les enseignements des apôtres (ou dans certains cas, d'un délégué apostolique).

L'utilité de la Bible pour le croyant

> « Que ce livre de la loi ne s'éloigne pas
> de toi ! Médite-le jour et nuit pour agir
> avec fidélité conformément à tout ce
> qui y est écrit, car c'est alors que tu

auras du succès dans tes entreprises,
c'est alors que tu réussiras. »
— Josué 1.8.

Pour le croyant la Bible est une lampe à ses pieds, une lumière sur son sentier. Elle est le guide ultime en matière de quoi croire et de comment agir. « *Comment le jeune homme rendra-t-il pur son sentier ? En se conformant à ta parole. Je te cherche de tout mon cœur : ne me laisse pas m'égarer loin de tes commandements ! Je serre ta parole dans mon cœur afin de ne pas pécher contre toi. »* — Psaume 119.9-11.

En anglais, il y a un acronyme qui dit « *BIBLE : Basic Instructions Before Leaving Earth* » (La Bible : instructions de base avant de quitter la terre). La Bible donne les instructions de Dieu pour une vie juste, heureuse et équitable. Elle touche tous les sujets : l'éducation des enfants, les prêts, les dettes, l'économie, la sexualité, les relations, la justice sociale, l'écologie, la salubrité publique, comment être un bon travailleur, un bon patron, etc. Par exemple, avant même que l'on constate les effets génétiques des liens consanguins, la Bible interdisait les unions entre parents proches.

On peut se fier à la Bible. Jésus dira dans ce sens que celui qui écoute et met en pratique sa parole est semblable à un homme qui bâtit sa maison sur du solide et que ceux qui ne mettent pas en pratique sa parole bâtissent sur du sable (Matthieu 7.24-28). Lorsqu'il fut tenté par le diable dans le désert, Jésus répondit à partir de l'Ancien Testament, la parole de Dieu : « *Jésus répondit : « Il est écrit : L'être humain ne vivra pas de pain seulement, mais de toute parole qui sort de la bouche de Dieu.* » Matthieu 4.4). La parole de Dieu, ses promesses, ses avertissements, son réconfort, nous amènent près de Dieu dans les moments de joie tout comme dans les moments difficiles de la vie. La Bible nous aide à prier, à prendre de bonnes décisions et surtout à con-naître Dieu. La Bible nous aide à être celui ou celle que Dieu veut que l'on soit.

L'INTERPRÉTATION DE LA BIBLE

« *C'est une chose très dangereuse de donner au simple peuple qui est ignorant des livres sacrés traduits en français, parce qu'il peut tomber dans l'erreur en y donnant des sens faux… Il serait bien plus à propos de n'en avoir aucune connaissance, comme il en est de la médecine ou des autres sciences, qu'il vaudrait mieux ne point savoir du tout, que de s'y croire habile ne les sachant que peu ou mal* ». — GERSON CHANCELLIER DE L'UNIVERSITÉ DE PARIS 1429.

Voici un point de vue, qu'historiquement, les catholiques romains ont longtemps tenu un peu partout dans le monde, et ce, jusqu'à récemment au Québec. Les protestants, pour leur part, sont reconnus comme étant « des gens du livre » et pour encourager tout le monde à lire la Bible. Martin Luther, par qui la Réforme protestante commença réellement en 1517, s'opposa à Rome notamment en traduisant la Bible dans la langue du peuple pour qu'elle puisse être comprise par le peuple lors de la lecture dans le culte. Par contre, Luther croyait, lui aussi, qu'il pouvait être dangereux de laisser la Bible entre toutes les mains. La Bible, comme bien d'autres livres, peut être tordue pour dire n'importe quoi.

Bien qu'on puisse la lire en français, il faut comprendre que la Bible est un livre vieux de 2000 ans écrit en trois langues différentes (le grec pour le Nouveau Testament et l'hébreu pour l'Ancien (avec un peu d'araméen), de l'autre côté de la planète. En fait, les mots utilisés à l'époque ne signifient pas nécessairement toujours la même chose aujourd'hui. Par exemple, quand Jésus traite Hérode de « renard » il n'est pas en train de dire qu'il est rusé au sens de la fable de La Fontaine. Il est plutôt en train de dire qu'il est cruel.

Ce n'est pas que les gens ne devraient pas lire la Bible, au contraire, mais qu'ils ont besoin d'utiliser les outils pour bien la comprendre. Nous avons le privilège d'avoir accès à beaucoup de livres (en français et en anglais) pour nous aider à franchir le ravin de 2000 ans entre nous et le texte.

La Bible n'est la parole de Dieu que lorsqu'elle est bien interprétée. De la même façon, si l'on cite quelqu'un hors de contexte aujourd'hui nous risquons de lui faire dire quelque chose qu'il n'a pas dit. Sinon, elle n'est que parole d'hommes. En ce sens, un des rôles de l'Église est d'équiper les gens à lire la Bible pour eux-mêmes. Il n'est pas rare que des cours sur « comment comprendre la Bible » soient donnés dans des églises évangéliques.

Chaque croyant évangélique est invité à lire la Bible tous les jours. L'église offre souvent à ses membres des programmes pour lire toute la Bible en un ou deux ans. La prédication (l'enseignement de la Bible) a une place importante dans la célébration du dimanche. De plus, les membres des églises ont souvent accès à des réunions d'études bibliques en semaine. Pour les évangéliques, la Bible est le moyen premier que Dieu nous laissé pour connaître Dieu et Jésus-Christ.

Dans les mots de Trithemius, en 1488 : « *Celui qui aime Dieu doit aimer les livres saints, car dans les saints Livres, on rencontre le Seigneur Dieu* ».

QUESTIONS DE RÉFLEXION

1) As-tu déjà lu la Bible ?

2) Quelles sont certaines des choses que les gens disent sur la Bible aujourd'hui ?

3) Pourquoi Dieu a-t-il choisi de se révéler par écrit plutôt que seulement oralement ?

4) Si Dieu a écrit la Bible pour communiquer avec nous, pourquoi est-il bénéfique de la lire chaque jour ?

POUR ALLER PLUS LOIN :
« LES LIVRES APOCRYPHES »

Tout comme il existe de faux billets de banque, de fausses lettres d'apôtres ont commencé à circuler et ce, dès les débuts du christianisme. L'apôtre Paul, de son vivant, nous avertissait contre cela. Par exemple, en plus de 1 et 2 Pierre qui sont inclus dans la Bible, il circulait de faux écrits de Pierre : l'Évangile de Pierre, les Actes de Pierre et l'Apocalypse de Pierre. Il n'était pas toujours facile de décider si une œuvre était apostolique ou pas. Par exemple, l'apocalypse de Pierre fut lue jusqu'au cinquième siècle avant d'être rejetée pour de bon comme non apostolique. Il faut comprendre qu'à l'époque le courriel, le fax, la photocopie et le téléphone n'existaient pas. Il était difficile de se mettre ensemble et de discuter quelles œuvres étaient authentiques ou non. Ceci explique le délai pour arriver à une liste définitive des livres du Nouveau Testament. En définitive, l'Église s'entendra sur les vingt-sept livres du Nouveau Testaments. Certaines autres œuvres (l'Épître de Barnabas, la lettre de Clément de Rome) ont été considérées mais ont finalement été rejetées du canon du Nouveau Testament. Ces livres n'entraient pas dans les critères d'autorité apostolique, on n'y reconnaissait pas la main de Dieu comme sur les autres livres. L'Église primitive a toutefois continué d'encourager la lecture de l'Épître de Barnabas et celle de Clément comme l'Église d'aujourd'hui encourage la lecture de bons livres chrétiens. Par contre, les autres évangiles tels que « L'Évangile de

Thomas » ou « l'Évangile de Judas » ont été, dès le début, considérés comme des faux.

La version catholique de la Bible a-t-elle plus de livres que la Bible protestante ? Premièrement, disons que la majorité des Bibles françaises, catholiques ou protestantes, sont de très bonnes traductions. Elles sont traduites par des catholiques ou des protestants ou les deux (par exemple, la TOB est traduite par les deux confessions conjointement) et sont toutes de bonnes traductions que le croyant peut utiliser sans crainte. Néanmoins, un lecteur averti peut remarquer que les Bibles catholiques comptent parfois certains livres supplémentaires (8 pour être exact). Ces livres sont appelés « apocryphes » (qui signifie « cachés ») par les protestants ou « deutéro-canoniques » par les catholiques (acceptés ultérieurement, dans un deuxième temps, dans le canon). Il s'agit de livres juifs écrits aux alentours de 200 *avant* Jésus-Christ. Ces livres ne furent pas écrits ou « rajoutés » par l'église catholique. Ces livres étaient connus des Juifs et des chrétiens à l'époque de l'Église primitive. Ces livres étaient lus et utilisés par plusieurs pères de l'Église. Néanmoins, les Juifs ne leur ont jamais accordé un statut canonique (considérés comme « Parole de Dieu »), et ce même après la rencontre de Jamnia un peu après 70 après Jésus-Christ. La liste des livres de l'Ancien Testament que fait l'historien juif Josèphe au temps des apôtres est la même que celle des Bibles protestantes. Jérôme, le grand traducteur de la Vulgate (la version latine de la Bible utilisée pendant 1000 ans par l'église catholique) ne reconnaissait pas la même autorité aux livres apocryphes qu'aux livres canoniques. Non pas que ces livres ne sont pas utiles ou édifiants mais que les croyants n'y ont pas vu la main de Dieu de la même façon que dans les livres canoniques. Ce n'est qu'en 1546, au Concile de Trente, que l'église catholique a accepté ces livres comme inspirés. Il est à noter que le Nouveau Testament ne fait jamais de citations à partir des livres apocryphes. Certains y ont vu des allusions, mais rien de solide.

5

JÉSUS : L'ÉLU

L'humanité vit au cœur d'une guerre invisible contre le mal et contre le péché. En plusieurs points, cette guerre est semblable à ce que l'on voit dans le film *La Matrice*. L'humanité est esclave, sans trop le savoir, d'un système dont elle ne peut pas réellement sortir. Un espoir réside en ce qu'il existe des prophéties au sujet d'un Élu qui viendra et qui délivrera l'humanité de la Matrice. Plusieurs éléments du premier film de la trilogie semblent directement inspirés de l'histoire de la Bible.

UNE VOIX TOUT AU LONG DE L'HISTOIRE : DES PROPHÉTIES BIEN AVANT SA VENUE

Dès le commencement, Dieu fit la promesse d'envoyer l'Élu, son Messie, pour venir sauver l'humanité. Tout au long de l'histoire la voix de Dieu s'est fait entendre au travers des prophètes. Dieu, au travers de l'histoire s'est choisi des hommes pour être ses porte-paroles et apporter un message révolutionnaire à leurs sociétés. Leur rôle était double : 1) annoncer un message de Dieu aux gens de leur époque. Il s'agit souvent d'un message visant des injustices sociales, politiques, ou le fait d'adorer le véritable Dieu et non des idoles (des faux dieux). 2) Dieu a aussi « caché » dans leurs messages et dans leurs vies des indices et parfois des prédictions afin de reconnaître le Messie quand il viendra.

Quel genre de prophéties ? Nostradamus et d'autres ont fait des prophéties tellement floues que l'on ne peut pas réellement savoir si elles se sont réalisées. Il n'en est pas de même avec les prophéties bibliques :

Le Messie serait un juif, un Israélite, de la tribu de Juda (Genèse 48.8-10) (il existait 12 tribus en Israël). Il serait de la descendance du Roi David (Ésaïe 9.7 ; 2 Samuel 7.12-13). Il viendrait comme une enfant (Ésaïe 9.5), il serait né d'une vierge (Ésaïe 7.14). Son lieu de naissance serait la ville de Bethléem (Michée 5.1-5). Il ferait des miracles, rendrait la vue aux aveugles et l'ouïe aux sourds (Ésaïe 29.18 ; 35.5). Il viendrait à mourir pour son peuple, parmi des brigands (Ésaïe 53.12), ses mains et ses pieds seraient percés (Psaume 22.16, Zacharie 12.10), mais aucun de ses os ne serait brisé (Exode 12.46, Psaume 22.17). Ses vêtements seraient tirés au sort (Psaume 22.18) et il serait enterré dans le tombeau d'un riche (Ésaïe 53.9). Mais il reviendrait à la vie (Psaume 16.8-11).

Quelles sont les chances qu'une seule prophétie à 500 ans de distance se révèle vraie ? Pas énorme. Mais quelles sont les gens qu'une trentaine de prophéties données sur 1500 ans se révèlent vraies ? Josh McDowell, un athée sceptique qui après ses recherches s'est converti au christianisme mentionne dans son livre *A Ready Defense* une évaluation que le mathématicien Peter W. Stoner a avancée. Les probabilités qu'un individu n'accomplisse que huit prophéties dans le cours de l'histoire est de l'ordre d'une chance sur 10 à la 17[14].

En d'autres mots, il n'y a mathématiquement parlant qu'une chance sur 1 000 000 000 000 (une chance sur cent mille milliards !) que Jésus accomplisse seulement huit prophéties. Pourtant, il y a dans l'Ancien Testament près de 100 prophéties sur le Messie à venir. Jésus est ce messie qui devait venir.

LA VIE DE JÉSUS FUT UNIQUE ET MARQUÉE PAR LA PUISSANCE DE DIEU

Jésus se rendit à Nazareth où il avait été élevé et, conformément à son habi-

tude, il entra dans la synagogue le jour du sabbat. Il se leva pour faire la lecture, et on lui remit le livre du prophète Esaïe. Il le déroula et trouva l'endroit où il était écrit : 'L'Esprit du Seigneur est sur moi, parce qu'il m'a consacré par onction pour annoncer la bonne nouvelle aux pauvres ; il m'a envoyé pour guérir ceux qui ont le cœur brisé, pour proclamer aux prisonniers la délivrance et aux aveugles le recouvrement de la vue, pour renvoyer libres les opprimés, pour proclamer une année de grâce du Seigneur'. Ensuite, il roula le livre, le remit au serviteur et s'assit. Tous ceux qui se trouvaient dans la synagogue avaient les regards fixés sur lui. Alors il commença à leur dire : « Aujourd'hui cette parole de l'Ecriture, que vous venez d'entendre, est accomplie. » — LUC 4.16-21

Outre les prophéties qu'il a accomplies, Jésus accomplissait des miracles, appelés aussi des « signes ». Les miracles étaient la « signature de Dieu ». Les miracles de Jésus authentifiaient qui il était : le Messie promis. Le fait intéressant à noter est que Jésus a été reconnu comme un faiseur de miracle non seulement par des sources chrétiennes mais aussi par des sources non-chrétiennes (l'historien juif Josèphe, le Talmud babylonien).

Les miracles avaient pour but de signifier que le royaume de Dieu, le moment où Dieu enverrait la délivrance, était arrivé. Il est à noter que des miracles ne convainquent personne. Tout au long du ministère de Jésus, on voit des gens qui croient à cause des miracles et des gens qui ne croient toujours pas nécessairement malgré les miracles. Il en est de même aujourd'hui. Ceux qui demandent à voir de leurs yeux ne croient pas nécessairement plus une fois qu'ils voient.

L'IMPORTANCE DE SA MORT

Pourquoi Jésus devait-il mourir ? Un des passages les plus frappants dans l'Ancien Testament sur les événements et le sens de la mort de Jésus du Messie est en Ésaie 53 (écrit approximativement 800 ans avant la naissance de Jésus) :

> « *4 Pourtant, ce sont nos souffrances qu'il a portées, c'est de nos douleurs qu'il s'est chargé. Et nous, nous l'avons considéré comme puni, frappé par Dieu et humilié. 5 Mais lui, il était blessé à cause de nos transgressions, brisé à cause de nos fautes : la*

punition qui nous donne la paix est tombée sur lui, et c'est par ses blessures que nous sommes guéris. [6] Nous étions tous comme des brebis égarées : chacun suivait sa propre voie, et l'Eternel a fait retomber sur lui nos fautes à tous. [7] Il a été maltraité, il s'est humilié et n'a pas ouvert la bouche. Pareil à un agneau qu'on mène à l'abattoir, à une brebis muette devant ceux qui la tondent, il n'a pas ouvert la bouche. [8] Il a été enlevé sous la contrainte et sous le jugement, et dans sa génération qui s'est inquiété de son sort ? Qui s'est soucié de ce qu'il était exclu de la terre des vivants, frappé à cause de la révolte de mon peuple ? [9] On a mis son tombeau parmi les méchants, sa tombe avec le riche, alors qu'il n'avait pas commis de violence et qu'il n'y avait pas eu de tromperie dans sa bouche. » — ÉSAIE 53.4-9

Plusieurs points ressortent de ce texte : « Chacun suivait sa propre voie » (v.6). Nous retrouvons, en d'autres mots, la notion « d'auto-nomie » du début de la Genèse. « La punition qu'il a subie nous redonne la paix » (v.5). Dieu a fait retomber sur lui « nos fautes à tous » (v.6). Dieu, dans le jardin avait annoncé à l'être humain que le jour où il désobéirait, il mourrait. La mort physique et spirituelle est la conséquence du péché de l'être humain.

Jésus est mort alors qu'il ne le méritait pas : « *Christ aussi a souffert, et ce une fois pour toutes, pour les péchés.* **Lui le juste, il a souffert pour des injustes afin de vous conduire à Dieu**. *Il a souffert une mort humaine, mais il a été rendu à la vie par l'Esprit.* » *1 Pierre 3.18*

Il fallait que justice soit faite, Dieu ne peut pas laisser aller la personne coupable comme un innocent. Jésus a donné volontairement sa vie pour prendre sur lui le châtiment de nos péchés. Il a vécu une séparation avec Dieu à la croix : « Mon Dieu, mon Dieu pourquoi m'as-tu abandonné ? » Matthieu 27.46

Paul résume ainsi l'Évangile : « Christ est mort pour nos péchés, conformément aux Écritures » 1 Corinthiens 15.3b. On remarque d'ailleurs dans le passage d'Ésaïe plusieurs prophéties accomplies : il a été mis à mort entre deux brigands et a été mis dans le tombeau d'un homme riche.

Un indice caché dans l'histoire : les sacrifices

Du temps de l'Ancien Testament, Dieu demandait au peuple d'Israël de faire des sacrifices d'animaux. Il ne s'agissait pas ici d'apaiser un dieu offusqué, mais cela portait un profond symbolisme de ce que Jésus viendrait faire sur la terre. La justice est chez Dieu un trait de caractère marquant. Dieu ne peut pas être injuste. Il ne peut pas considérer le coupable comme innocent. Il y a donc une loi constante dans l'univers : la justice doit être satisfaite. Le coupable doit payer proportionnellement à sa faute. Notre dette devient tellement grande et notre cœur tellement mauvais qu'il nous est impossible de rembourser la dette.

La Bible le dit : ce que nous méritons en tant que pécheur est la mort et la séparation pour l'éternité d'avec Dieu. Dans les faits, la seule façon pour nous de rembourser notre dette est de mourir et de passer l'éternité loin de Dieu. Mais quand l'on meurt, on n'est pas très avancé car justement, nous sommes morts et séparés de Dieu ! En d'autres mots, la seule façon de payer la facture est de payer la facture ! Mais nous n'avons pas assez d'argent pour le faire.

Afin de demander pardon à Dieu, les Israélites offraient des sacrifices pour le pardon de leurs péchés. Quelqu'un devait payer. L'animal qui meurt symbolise le fait que c'est nous qui devrions mourir pour notre péché. Lors du sacrifice, le pécheur devait poser sa main sur l'animal en signe d'association. Par la suite, on brûlait la viande et le pécheur mangeait une partie de la viande. De cette façon il s'appropriait le sacrifice fait. La Bible nous dit néanmoins que les sacrifices d'animaux ne peuvent pas réellement sauver personne mais que les sacrifices étaient un indice caché dans l'histoire qui annonçait à l'avance ce que Jésus-Christ viendrait faire sur terre (Hébreux 10.4).

Lorsqu'il vit Jésus près de la rivière où il baptisait, Jean-Baptiste s'écria : « Voici l'Agneau de Dieu qui vient enlever les péchés du monde » Jean 1.29. La seule solution au problème immense du mal et du péché était que Dieu lui-même prenne sur lui les péchés de toute l'humanité. Si un homme seul ne peut payer la dette, la dette accumulée de tous les hommes avait une valeur infinie. Devant une dette infinie, il fallait un sacrifice infini : Dieu lui-même en tant qu'homme. Il fallait que le sacrifice soit sans tache, un homme sans péché, sans quoi le sacrifice n'aurait pas été valide.

PAR SA MORT

Par sa mort Jésus vient faire plusieurs choses. Il vient premièrement prendre les péchés des croyants mais il fait aussi plusieurs autres choses :

- Il nous réconcilie avec Dieu.

- Il fait de nous des enfants de Dieu par adoption.

- Il vient détruire les œuvres du diable, du mal.

- Il nous guérit du mal et du péché. Nous sommes maintenant sur la voie de la guérison.

- Dieu nous libère de la prison qu'est le péché.

PAR SA RÉSURRECTION

Heureusement, l'histoire ne se termine pas avec la mort de l'Élu. Ce serait une bien triste fin. Non. La mort n'a pas pu le garder. Il est revenu des morts et a ainsi détruit le dernier ennemi : la mort elle-même. Jésus est le premier de ceux qui vont ressusciter. Dans sa résurrection se trouve aussi la promesse que tout ceux et celles qui mettent leur confiance en Lui reviendront aussi à la vie un jour. La mort n'aura pas le dernier mot.

Par sa mort, la justice de Dieu a été accomplie pour les péchés de tous les êtres humains (1 Timothée 4.10 ; Tite 2.11). Depuis la grande séduction, l'humanité était enchaînée dans les pouvoirs du Mal. L'apôtre Jean le dit ainsi : « Le Fils de l'Homme est venu pour détruire les œuvres du diable » 1 Jean 3.8. D'une certaine façon, par la chute de l'Homme, Satan était devenu maître de la planète à la place de l'Homme (1 Jean 5.19). Par sa mort, Dieu a maintenant brisé l'emprise du mal sur l'humanité.

Par sa résurrection d'entre les morts, Dieu a vaincu le dernier ennemi : la mort. Ayant payé la dette et ayant vaincu la mort, la vie éternelle est maintenant accessible à tout ceux qui croient. L'apôtre Jean l'écrit ainsi : « En effet, Dieu a tant aimé le monde qu'il a donné son Fils unique afin que quiconque croit en lui ne périsse pas mais ait la vie éternelle ». (Jean 3.16). C'est ça la *Bonne Nouvelle*, c'est que quiconque se reconnaît pécheur peut s'approprier ce que Jésus a fait à la croix et vivre la vie éternelle dès aujourd'hui et pour toujours.

Mais l'histoire ne se termine pas là. Dieu laisse encore du temps, dans sa patience, afin que le message de la Bonne Nouvelle transforme des vies. Jésus est reparti de la terre avec une promesse certaine : « Je reviendrai » (Matthieu

25.31). D'ici là, il a créé l'Église, la communauté des rachetés, qui se battent dans ce monde contre le mal qui ne veut pas accepter sa défaite. La réalité c'est que la majorité de l'humanité veut continuer de vivre comme bon lui semble. Dieu aimerait un monde sans mal, sans péché, un monde composé d'êtres qui lui obéissent parce qu'ils veulent vivre dans un tel monde. La seule solution pour vivre dans ce monde sera un jour de séparer les bonnes fleurs de la mauvaise herbe, le blé de l'ivraie, de séparer les rachetés de ceux qui n'ont rien voulu savoir du Dieu créateur et de Jésus de Nazareth, l'Élu envoyé par Dieu pour sauver le monde.

LA MORT ET LA RÉSURRECTION DE JÉSUS DEMANDENT UNE RÉPONSE

Si Jésus est mort pour les péchés de tous les hommes (1 Timothée 4.10) cela ne veut pas dire que tous auront pour autant la vie éternelle. Nous le citions plus haut : « En effet, Dieu a tant aimé le monde qu'il a donné son Fils unique afin que quiconque croit en lui ne périsse pas mais ait la vie éternelle ». (Jean 3.16). Deux versets plus loin on peut lire : « Celui qui croit en lui n'est pas jugé, mais celui qui ne croit pas est déjà jugé parce qu'il n'a pas cru au nom du Fils unique de Dieu. » 1 Jean 3.18.

La mort de Jésus est semblable à un chèque. Imaginons que je vous donne un chèque d'un million de dollars. Je vous revoie dix ans après et je vous retrouve en dessous d'un pont dans une boite en carton. Je vous demanderais avec raison : « Pourquoi vis-tu ainsi ? Qu'as-tu fait du chèque d'un million ? ». Si vous le sortiez de votre poche, je serais bien déçu. Avoir dans ses poches un chèque d'un million ne fait pas de vous quelqu'un de riche, il faut encaisser le chèque avant ! C'est la même chose avec Jésus. Le fait que Jésus soit mort pour nos péchés ne change rien tant et aussi longtemps que nous ne nous sommes pas appropriés ce qu'il a fait pour nous.

Comment se l'approprier ? En croyant, en mettant notre confiance en lui. Il ne s'agit pas d'une « croyance » purement intellectuelle mais d'une conviction qui porte à l'action. L'apôtre Jacques écrit : « Les démons aussi croient en Dieu et ils tremblent » Jacques 2.19. Il ne suffit pas de « croire » mais de mettre toute sa confiance en Dieu. D'ailleurs, Jésus connaît les cœurs. En Jean 2.39 il est écrit : « Beaucoup crurent en lui, mais Jésus ne crut pas en eux car il les connaissait ».

Comment s'approprier ce que Jésus a fait pour nous ? Il faut premièrement réaliser et admettre que nous sommes pécheurs, rebelles contre Dieu.

Il faut comprendre qu'aucune œuvre ou réalisation ne peut nous permettre de « gagner notre ciel » ou la faveur de Dieu. Nous devons reconnaître que la patience et la grâce de Dieu nous poussent à la repentance (Romains 2.4). Dieu nous invite maintenant à faire partie de Son église, la communauté de ceux et celles qui veulent obéir à Dieu.

Un premier pas, après avoir mis sa confiance en Dieu pour le pardon de ses péchés, est de commencer un parcours vers le baptême. Le baptême, ordonné par Jésus, est un symbole fort de notre engagement : « Ignorez-vous que nous tous qui avons été baptisés en Jésus-Christ, c'est en sa mort que nous avons été baptisés ? Par le baptême en sa mort nous avons donc été ensevelis avec lui afin que, comme Christ est ressuscité par la gloire du Père, de même nous aussi nous menions une vie nouvelle ». Romains 6.3-4

Par le baptême, nous déclarons devant Dieu et devant les hommes que nous nous identifions avec la mort de Jésus-Christ et avec sa résurrection. Nous proclamons ainsi que nous nous approprions le sacrifice de Jésus pour nous-mêmes. Nous nous engageons, avec Son aide, à vivre en nouveauté de vie. Nous nous engageons aussi à participer à la Sainte-Cène (appelé aussi l'Eucharistie, Repas du Seigneur, Table du Seigneur ou communion) ou en d'autres mots, de faire activement partie d'une église locale. Le mot « eucharistie », souvent utilisé par l'église catholique romaine, n'est pas l'appellation préférée des évangéliques car ils craignent que l'on y voie un acte magique, qui agit sans même la foi, comme on l'a longtemps vu dans l'histoire de l'Église. Néanmoins, le mot eucharistie signifie tout simplement « merci » en grec. L'Église est donc la communauté du « merci », une communauté de reconnaissance. Quand l'Église se rassemble, elle se rassemble autour de la « table du Seigneur » pour adorer et remercier celui qui a donné sa vie pour nos péchés. Nous reviendrons là-dessus plus loin dans le chapitre « La communauté de l'Agneau ».

TRANSFORMÉS PAR DIEU

Accepter le salut de Dieu ce n'est pas seulement prendre une carte « Sortez de prison sans frais ». Le salut, c'est Dieu qui nous transforme pour que nous devenions comme Jésus. Si Dieu nous sort de prison c'est pour que l'on n'y revienne pas ! Non seulement Dieu nous libère, mais il veut nous « réhabiliter ». La bonne nouvelle, c'est que nous n'aurons pas besoin de nous transformer par nous-mêmes. Dieu nous aidera.

« *Changez de vie*, et que chacun de vous se fasse baptiser au nom de Jésus-Christ, pour que vos péchés vous soient pardonnés. Alors vous recevrez le don du St-Esprit ». Actes 2.38 (Version du Semeur).

Le christianisme n'est pas à propos de ce que l'être humain est capable de faire par ses propres forces. Ça c'est l'humanisme. Le christianisme, c'est plutôt ce que Dieu fait au travers de l'être humain pour la gloire de Dieu. Comment sommes-nous supposés être en contact avec Dieu, avoir une influence dans le monde et partager avec tous la Bonne Nouvelle ? Comment pouvons-nous même combattre ce mal qui est au dedans de nous ? Comment pouvons-nous cesser de faire le mal qui est en nous ?

Jésus a fait la promesse qu'il ne nous laisserait pas seul, qu'il nous enverrait le Saint-Esprit. Le Saint-Esprit est Dieu lui-même qui fait sa demeure en nous. Il est la puissance de Dieu en nous. Jésus l'a dit : « Mais vous recevrez une puissance lorsque le Saint-Esprit viendra sur vous, et vous serez mes témoins à Jérusalem, dans toute la Judée, dans la Samarie et jusqu'aux extrémités de la terre. » Actes des apôtres 1.8. Le Saint-Esprit a un grand ministère auprès de nous. Voici ce que le Nouveau Testament en dit :

Il a les caractéristiques d'une vraie personne :

- Il parle (Matthieu 10.20 ; Actes 8.29 ; Actes 10.19 ; Actes 13.2 ; 1 Timothée 4.1)

- Il demeure en nous (1 Corinthiens 3.16 ; 6.19)

- Il a une volonté (1 Corinthiens 12.11)

- Il enseigne et Il rappelle (Jean 14.26)

- Il est en communion avec nous (2 Corinthiens 13.14)

- Il rend témoignage de Jésus (Jean 15.26)

- Il écoute (Jean 16.13)

- Il a annoncé l'Écriture qui s'est accomplie (Actes 1.16)

- Il peut nous pousser à faire des choses ou nous empêcher de les faire (Actes 16.6 ; 21.4)

- Il intercède pour nous (Romains 8.26)

- Il guide notre conscience par le St-Esprit (Romains 9.1)

- Il nous convainc de péché, de justice et de jugement (Jean 16.8)

- Il témoigne à notre esprit que nous sommes enfants de Dieu (Romains 8.16)

- On peut lui mentir (Actes 5.3)

- On peut le tenter (Actes 5.9)

- On peut l'attrister (Éphésiens 4.30) et l'éteindre (1 Thess 5.19)

- Il régénère le croyant à la nouvelle naissance. Il lui donne une nouvelle nature. Il le renouvelle (Jean 3.5 ; Tite 3.5)

- Lorsqu'ils sont remplis de l'Esprit les croyants annoncent l'Évangile avec assurance (Actes 4.31). L'Esprit est donc donné pour que le chrétien soit un témoin de Christ (Actes 1.8)

- Il donne des visions, des prophéties et des songes (Actes 2.17)

- Jésus nous dit de ne pas nous inquiéter de ce que nous dirons quand nous serons traduits devant les tribunaux, car c'est l'Esprit Saint qui parlera à notre place (Matthieu 10.20 ; Marc 13.11)

- L'Esprit nous permet de vivre une vie dans la victoire. Il nous donne la force de résister au péché (Romains 8.1-2,5,9)

- Il permet au croyant de se sanctifier, de porter le fruit de l'Esprit qui est l'amour, la joie, la paix, la patience, la bonté, la bienveillance, la foi, la douceur et la maîtrise de soi. (Galates 2.22-23)

- Le Saint-Esprit est une personne à part entière. Il n'est pas seulement une force ou une puissance qui nous a été donnée.

- Il est la troisième personne de la trinité (Matthieu 28.18-20 ; Romains 8.9 ; 2 Cor 3.17).

Le Saint-Esprit est la clé de la vie chrétienne. C'est Dieu qui nous transforme jour après jour.

CONCLUSION

En résumé, Dieu nous invite aujourd'hui à enterrer la hache de guerre et à nous identifier au Christ qui a payé pour nos péchés. Il nous invite à nous joindre à Son Église, à recevoir le Saint-Esprit, à vivre une vie nouvelle qui honorera Dieu et à recevoir comme héritage la vie éternelle. Cette offre est pour tous, pour toi lecteur, tout comme ta famille, tes amis et tous les êtres humains de cette terre.

« Aujourd'hui, si vous entendez sa voix, n'endurcissez pas votre cœur comme lors de la révolte ». Hébreux 3.15.

QUESTIONS DE RÉFLEXION

- S'il n'y avait qu'une chance sur cent mille milliards que Jésus remplisse huit prophéties, qu'est-ce que cela signifie pour le christianisme ?

- Y a-t-il un autre individu dans l'histoire qui est semblable à Jésus-Christ ?

- On entend souvent l'argument « Personne n'est jamais revenu des morts pour nous dire ce qu'il y avait de l'autre côté ». Au contraire, c'est exactement ce que Jésus a fait. Si Jésus est réellement ressuscité des morts, qu'est-ce que cela signifie pour ta vie ?

- Pourquoi Jésus est-il mort sur la croix ?

- Pourquoi est-il ressuscité ?

- Quel est le choix auquel chaque humain est confronté ?

POUR ALLER PLUS LOIN :
LE MYSTÈRE DE LA TRINITÉ

Qui était Jésus-Christ ? Voilà une question sur laquelle ont dû se pencher les premiers chrétiens, qui, ne l'oublions pas, étaient Juifs. Pour les Juifs, il était très clair qu'il n'y avait qu'un seul Dieu :

« En effet, voici ce que dit [Yahvé] l'Eternel, le créateur du ciel, le seul Dieu, qui a façonné la terre, l'a faite et l'affermit, qui l'a créée pour qu'elle ne soit pas déserte, qui l'a formée pour qu'elle soit habitée : C'est moi qui suis l'Eternel et il n'y en a pas d'autre ». Ésaie 45.18

Par contre, très tôt les chrétiens ont dû être confrontés au « phénomène Jésus » et à l'idée de l'incarnation (Dieu qui se fait homme). Jésus faisait des affirmations énigmatiques telles que : « En vérité, en vérité, je vous le dis, avant qu'Abraham soit né, JE SUIS. Là-dessus, ils prirent des pierres pour les jeter contre lui, mais Jésus se cacha et sortit du temple [en passant au milieu d'eux. C'est ainsi qu'il s'en alla. » Jean 8.58-59. Dans l'Ancien Testament, c'est Yahvé, le Dieu unique d'Israël, qui s'est présenté à Moïse comme « JE SUIS » (Exode 3.14) et voilà que Jésus, sur terre, s'approprie ce titre. Aucun prophète avant lui n'en avait fait autant.

Il y avait néanmoins des indices dans l'Ancien Testament que Dieu se ferait homme : « En effet, *un enfant nous est né*, un fils nous a été donné, et la souveraineté reposera sur son épaule ; *on l'appellera* merveilleux conseiller, *Dieu puissant, Père éternel*, Prince de la paix ». Ésaïe 9.5. Comment peut-on appeler un enfant « Dieu puissant » et « Père éternel » ?

Pour les Juifs, Dieu ne partage pas sa gloire avec personne : « Je ne donnerai pas ma gloire à un autre » (Ésaïe 48.11 – SEGOND 21). Pourtant, dans un des livres les plus messianiques de l'Ancien Testament, on retrouve un passage très intrigant : « Pendant que je regardais dans mes visions nocturnes, quelqu'un qui ressemblait à *un fils de l'Homme* est venu avec les nuées du ciel. Il s'est avancé vers l'Ancien des jours [Dieu] et on l'a fait approcher de lui. [14] On lui a donné la domination, la gloire et le règne, et tous les peuples, les nations et les hommes de toute langue l'ont servi. Sa domination est une domination éternelle qui ne cessera pas et son royaume ne sera jamais détruit. (Daniel 7.13-14 – Segond 21). Comment le Dieu Tout-Puissant peut-il partager sa gloire et le règne avec un « fils de l'Homme » ? Il est à noter que « Fils de l'Homme » est le titre le plus important que Jésus reprendra pour lui-même dans les Évangiles.

Que faire avec Jésus ? Plusieurs de ses paroles laissaient bien perplexe : « Moi et le Père nous sommes un » (Jean 10.30). Il y a ici un mystère qui sera incompréhensible pour l'intelligence humaine qui est finie et limitée. Comment le Dieu Tout-Puissant a-t-il pu devenir un homme ? D'autre part, manifestement, en prenant forme humaine, Dieu n'a pas vidé l'univers de sa présence pour la localiser en un seul endroit. Le mystère est grand, il est vrai, mais il se retrouve partout dans le Nouveau Testament :

« Au commencement, la Parole [Jésus] existait déjà. ***La Parole était avec Dieu*** et la Parole était Dieu. Elle était au commencement avec Dieu. Tout a été fait par elle et rien de ce qui a été fait n'a été fait sans elle ». Jean 1.1-3

L'apôtre Paul dit ceci de Jésus-Christ : « [Jésus] est l'image du Dieu invisible, le premier-né de toute la création. En effet, c'est en lui que tout a été créé dans le ciel et sur la terre, le visible et l'invisible, trônes, souverainetés, dominations, autorités. Tout a été créé par lui et pour lui. Il existe avant toutes choses et tout subsiste en lui ». Colossiens 1.16-17.

Ce dut être un casse-tête assez important pour les apôtres. En bons Juifs, ils connaissaient bien la prière de base du judaïsme : « Écoute Israël, le Seigneur notre Dieu est un » (Deutéronome 6.4). Pourtant ce Messie mort et ressuscité s'identifiait, par ses paroles et ses actions, souvent à Yavhé ! Il a fallu faire une synthèse théologique des différentes vérités bibliques. C'est ainsi que les théologiens en sont venus avec le dogme de la trinité. La trinité n'est pas une « invention de l'église ». La trinité est la réflexion de l'Église sur les données du Nouveau Testament. S'il n'y avait pas ces données dans le Nouveau Testament, la trinité n'aurait aucun fondement.

Il nous faut aussi souligner que « comprendre Dieu » sera toujours une entreprise difficile, voire hors d'atteinte pour l'être humain fini qui a des limites. La théologie est ce que les hommes comprennent de ce que Dieu a révélé. Nos meilleurs exemples ou explications sur la trinité ne sont ni parfaites ni complètes. Pour la comprendre complètement il faudrait être Dieu et comme nous l'avons vu dans un chapitre précédent, ce n'est pas parce que quelque chose dépasse nos capacités de compréhension que cette chose n'existe pas.

Quels sont donc les éléments théologiques à tenir en tension dans le dogme de la trinité ?

- Dieu est fondamentalement UN.

- Jésus a affirmé être Dieu. Il est celui qui a créé la terre et les cieux. Rien n'a été fait sans Lui.

- Jésus est Dieu qui a revêtu notre humanité.

- Lors de son humanité, Jésus homme s'adressait au Père comme à Celui qui l'a envoyé. L'incarnation n'a pas vidé « le ciel » de la présence de Dieu.

- Il y a des endroits dans la Bible où nous voyons le Père et le Fils en même temps (le baptême de Jésus est un exemple où nous y voyons aussi le Saint-Esprit qui, lui aussi, dans le Nouveau Testament est considéré comme Dieu).

- Il y a donc le Père, le Fils et le Saint-Esprit mais ils sont un seul et même Dieu.

- Il y a donc le Père, le Fils et le Saint-Esprit mais ils sont aussi des personnes distinctes.

Il faut donc bien faire attention car affirmer une seule vérité (Jésus est un homme) au dépend d'une autre (Jésus est Dieu) c'est ne pas respecter l'entièreté de la révélation biblique.

Plusieurs images ont été employées au travers des époques. Par exemple, l'eau (H_2O) est quand même de l'eau sous trois formes différentes : glace, liquide et vapeur[15]. Toute image, bien sûr, est imparfaite mais nous aide à mieux comprendre, en termes humains, une réalité que l'on ne comprendra jamais pleinement. L'image la plus utile pour illustrer la trinité est tirée des pères de l'église[16] et utilise l'image du soleil. Le soleil (le Père), les rayons (le Fils) et la chaleur (le Saint-Esprit). Dès que nous avons le soleil, nous avons les rayons et la chaleur au même moment. En ce sens, nous avons un seul Dieu mais trois « personnes » qui ne sont pas « créés » mais engendrées (procédant du soleil).

Clôturons ce sujet complexe sur la déclaration du Concile de Nicée (325 ap. J.-C.) sur la personne de Jésus-Christ :

« Nous croyons en un seul Seigneur, Jésus-Christ, le Fils unique de Dieu, né du Père avant tous les siècles, Dieu venu de Dieu, lumière issu de la lumière, vrai Dieu issu du vrai Dieu, engendré et non créé, d'une même substance que le Père et par qui tout a été fait ; qui pour nous les hommes et pour notre salut, est descendu des cieux et s'est incarné par le Saint-Esprit dans la vierge Marie et a été fait homme. Il a été crucifié pour nous sous Ponce-Pilate, il a souffert et il a été mis au tombeau ; il est ressuscité des morts le troisième jour, conformément aux Écritures ; il est monté aux cieux où il siège à la droite du Père. De là, il reviendra dans la gloire pour juger les vivants et les morts, et son règne n'aura pas de fin ».

6

LA COMMUNAUTÉ DE L'AGNEAU
- L'ÉGLISE -

Après 2000 ans, l'Église existe encore. Elle a été persécutée, mise à mort, corrompue, interdite, brûlée mais elle est encore et toujours là. D'autre part, ce n'est pas non plus tout ce qui se dit « église » qui l'est réellement. Jésus disait : « C'est à l'amour que vous aurez les uns pour les autres que le monde reconnaîtra que vous êtes mes disciples » (Jean 13.35). Au nom de l'Église et du Christ, on a mené des guerres, on a tué, on a persécuté, on a brûlé, on a interdit, on a opprimé... La réalité c'est que beaucoup dans l'histoire ont porté le nom de « chrétiens » mais peu ont réellement traduit dans leur vie l'agissement de Jésus.

Paul écrit aux Philippiens : « Ne faites rien par esprit de rivalité ou par désir d'une gloire sans valeur, mais avec humilité considérez les autres comme supérieurs à vous-mêmes. Que chacun de vous, au lieu de regarder à ses propres intérêts, regarde aussi à ceux des autres. Que votre attitude soit identique à celle de Jésus-Christ » (Phil 2.3-5). Lors du dernier repas avant sa mort, Jésus était avec ses douze disciples. Jésus a alors fait quelque chose de surprenant. Il a pris un bol et une serviette et a lavé les pieds de ses disciples. Il a pris sur lui la besogne des ouvriers de la maison et a indiqué à ses apôtres de faire de même les uns pour les autres. Jésus lui-même annonçait sa mission ainsi : « Le Fils de l'Homme est venu non pour être servi, mais pour servir » (Matthieu 20.28). Un peu avant d'arriver à Jérusalem les disciples discutaient en chemin et argumentaient pour savoir lequel d'entre eux était le plus grand. Jésus leur demanda : De quoi discutez-vous ? Personne n'osa répondre. Jésus connaissant bien leur cœur leur dit : « Dans le monde, l'important c'est d'être élevé et de dominer sur les autres. Le royaume de Dieu ne fonctionne pas ainsi : le plus grand c'est celui qui sert. » (Luc 22.25-26 – paraphrase). La communauté de Jésus allait être bien différente des royaumes de ce monde.

Tenter de définir l'Église aujourd'hui n'est pas facile. L'Église ce n'est pas un bâtiment. L'Église c'est avant tout la communauté des chrétiens, morts et vivants des deux derniers millénaires. Martin Luther traduira le mot grec « ekklesia » par le mot allemand « Gemeinde » qui signifie « communauté » parce qu'il trouvait que le mot allemand « Kirche » (église) était trop mal compris du peuple, celui-ci associant le mot église aux abus qu'ils voyaient dans l'Église « officielle ». Néanmoins, dans le Grand Catéchisme de 1529, Luther donnera une définition de « Kirche » : « une sainte petite troupe, une sainte communauté, formée uniquement de saints sous un seul chef, le Christ, appelés et rassemblés par le Saint-Esprit, dotés d'une même foi… J'ai été incorporé en elle par le Saint-Esprit au moyen de la Parole de Dieu que j'ai écouté et que j'écoute encore ». Martin Luther souligne un point important : la véritable église c'est l'ensemble des véritables croyants pratiquants et non pas ceux qui ne sont chrétiens que de nom.

Les églises évangéliques sont pour cette raison des églises de « professants. » Les membres des églises évangéliques sont généralement « pratiquants » par définition. Le baptême n'est accordé qu'à ceux qui acceptent volontairement et consciemment de suivre Jésus-Christ comme maître et Seigneur.

Dans les faits, n'est-il pas toujours un peu étrange d'entendre quelqu'un dire qu'il est un croyant mais « non-pratiquant » ? Une majorité de la population québécoise se considère comme des catholiques dits « non-pratiquants ». C'est un peu comme dire « je suis un végétarien non-pratiquant ». En d'autre mot, je dis avoir des convictions sur quelque chose, mais j'agis autrement. La réalité, c'est que nos actions reflètent ce que nous croyons vraiment. Peut être ne croyons-nous plus ce que nous disons croire ? Mais alors que croyons-nous ? Ne vaudrait-il pas la peine d'y réfléchir ? Beaucoup de parents font passer les rites de la religion catholique à leurs enfants mais leurs actions parlent plus fort que les divers rites.

QUEL EST LE BUT DE L'ÉGLISE ?

La question demeure pertinente aujourd'hui et la meilleure réponse nous vient du Messie lui-même. Écoutons la voix de Jésus de Nazareth sur cette question bien importante :

> « *Et moi, je te le déclare : Tu es Pierre, et sur cette pierre je bâtirai mon Église, et la Puissance de la mort n'aura pas de forces contre elle* »
> — MATTHIEU.16.18 (VERSION TOB).

L'église est en guerre. Non pas une guerre physique, mais une guerre contre le mal. « C'est à cela que tous reconnaîtront que vous êtes mes disciples : si vous avez de l'amour les uns pour les autres. » Jean 13.35. Comme nous l'avons vu dans le chapitre précédent, Jésus est venu, entre autres raisons, pour rendre vain le pouvoir du Mal sur la terre. Un des rôles de l'Église est de contrer le mal sur cette terre jusqu'au retour de Jésus-Christ. Il est d'autant plus intéressant de constater quel lieu a choisi Jésus pour prononcer ses paroles sur l'Église. Jésus se trouvait à Césarée de Philippe (nommée ainsi en l'honneur de César), dans une région païenne. La localité s'appelait Panéas, en l'honneur du dieu Pan. Ce dieu était adoré dans une grotte qui lui était dédiée près de la ville. C'est dans cet endroit que Jésus affirme que rien ne pourra arrêter Son église dans son combat contre les forces du mal.

Le mot « ekklesia », utilisé par Jésus, signifie tout simplement « assemblée ». Depuis l'historien grec Thucydide (environ 460 av. J.-C.), le mot peut signifier un rassemblement (assemblée) de citoyens appelés de leur maison dans un lieu public. On retrouve ce sens en Actes 19.39. Dans la traduction grecque de l'Ancien Testament (appelée la Septante ou LXX), *ekklesia* est utilisé pour les assemblées des Israélites spécialement lorsqu'ils étaient appelés pour des rencontres sacrées (Deutéronome 31.30). Jésus parlant araméen (et le Nouveau Testament étant écrit en grec), on pense que Jésus a pu utiliser le mot *bayith* qui signifie « maison ». Il s'agit d'un terme fréquemment utilisé pour une communauté de disciples.

L'église est donc une assemblée, une maison de disciples. Le terme s'apparente au terme hébreux *qâhâl* : l'assemblée ou la congrégation d'Israël. Le peuple d'Israël était le « peuple élu », le peuple de l'Ancienne Alliance. L'Église est le nouveau peuple de Dieu, le peuple de la Nouvelle Alliance.

Jésus s'identifiera au « Bon Berger » et signifie de ce fait qu'il possède un troupeau. Jésus le « Bon berger » va chercher les brebis et s'assemble un troupeau (Jean 10). En Matthieu 10.25, Jésus va parler de ses disciples comme des « membres de sa maison ». Être un disciple c'est être un membre de la maison, de la communauté de Jésus-Christ. Ceci nous aide à comprendre le commandement le plus clair donné par le Ressuscité à ses disciples :

> *« Jésus s'approcha et leur dit : « Tout pouvoir m'a été donné dans le ciel et sur la terre. Allez [donc], faites de toutes les nations des disciples, baptisez-les au nom du Père, du Fils et du Saint-Esprit et enseignez-leur à mettre en pratique tout ce que je vous ai prescrit. Et moi, je suis avec vous*

tous les jours, jusqu'à la fin du monde. » — Matthieu 28.18-20

Dans une paraphrase intéressante des deux passages (Matthieu 16 et 28), voici ce qu'avait à dire Jésus sur l'Église : « Le ressuscité déclare : La mort elle-même n'a pas même pu me retenir. J'ai reçu tout pouvoir dans le ciel et sur la terre. Je suis celui qui bâtit mon Église. Les Forces de la mort et du mal ne pourront pas arrêter ou tuer mon église. Allez dans le monde entier, faites entrer des gens dans la nouvelle maison d'Israël, faites-en des disciples, les baptisant au nom du Père, du Fils et du Saint-Esprit et leur apprenant à obéir à tout ce que je vous ai prescrit. Je le répète : je bâtirai mon église car je suis moi-même avec vous chaque jour, jusqu'à la fin du monde. »

En d'autres mots, l'Église est (ou devrait être) la force de changement de Dieu dans ce monde. L'arme des chrétiens n'est autre que l'Évangile, la Bonne Nouvelle annoncée par Jésus. C'est une communauté active qui travaille ensemble pour que Jésus-Christ change des vies et fasse ainsi reculer le Royaume du Mal sur cette terre. L'église locale, c'est un poste, un camp retranché, un groupe d'ambassadeurs en terre étrangère pour chercher les âmes qui ne font pas encore partie de cette communauté. Dans les termes de Paul :

« Les forces du Mal connaissent aujourd'hui par l'Église la sagesse infiniment variée de Dieu selon le plan éternel qu'il a mis en exécution par Jésus-Christ notre Seigneur » (Éphésiens 3.8-11 – paraphrase).

Une institution ?

L'Église, loin d'être une institution humaine, a été instituée par Jésus-Christ lui-même. Jésus a laissé des instructions à ses disciples sur le fonctionnement de Son église. C'est le Christ qui bâtit l'Église au travers de l'œuvre du Saint-Esprit qui habite dans le cœur de chaque véritable croyant. Jésus, en instituant l'Église, a aussi institué deux ordonnances : le baptême et la Sainte-cène (aussi connue sous le nom d'Eucharistie, de communion ou de repas du Seigneur)

Le baptême

Le baptême évangélique est un baptême d'adultes ou du moins de jeunes assez mûrs qui professent volontairement la foi chrétienne. Le mode du baptême est l'immersion, c'est à dire que tout le corps est plongé sous l'eau. Les baptêmes peuvent être fait dans les églises locales dans un baptistère (un genre de mini-piscine intérieure) mais aussi dans les piscines extérieures ou dans des lacs. Les futurs baptisés sont généralement appelés à donner un court témoignage lors duquel le futur baptisé explique son cheminement avec Dieu devant l'assemblée et pourquoi il veut passer par les eaux du baptême.

Pourquoi le baptême ?

Dans la tradition catholique, le baptême sauve et « régénère » le bébé en enlevant le péché originel. C'est pour cela que l'on baptisait les bébés le plus rapidement possible de peur qu'ils ne meurent avant d'être baptisés et ne se retrouvent en enfer. On peut imaginer que ceci provoquait une angoisse certaine chez les parents. Ce n'est pas là l'enseignement de la Bible sur le baptême. Pour les évangéliques, le baptême est le symbole public d'un engagement pris dans son cœur comme on le voit dans la première prédication de l'histoire de l'Église : « Pierre leur dit : Changez d'attitude et que chacun de vous soit baptisé au nom de Jésus-Christ pour le pardon de vos péchés, et vous recevrez le don du Saint-Esprit. » (Actes 2.38). Le changement d'attitude, la repentance, précède le baptême. C'est pour cela qu'un bébé ne peut pas se faire baptiser : il n'est pas apte à prendre une décision pour Dieu. D'ailleurs, tous les exemples de baptême dans le Nouveau Testament sont des baptêmes d'adultes. Le baptême est aussi appelé le baptême de repentance. La repentance ne peut être qu'un acte conscient[17].

Pourquoi se faire baptiser ? Tout simplement parce que Jésus-Christ l'a commandé. Dieu aurait pu demander autre chose, mais il a demandé cela. En fait, il s'agit du seul commandement clair du Ressuscité à l'Église : « Allez donc, faites de toutes les nations des disciples, baptisez-les au nom du Père, du Fils et du Saint-Esprit » (Matthieu 28.18-20). Le baptême est l'endroit où se manifeste notre engagement, devant Dieu et devant les hommes, de mourir à nous-mêmes et de suivre Jésus-Christ. Répétons cette vérité très importante pour les évangéliques : **la foi précède le baptême**. Nous ne sommes pas sauvé à cause du baptême ou du rite, nous nous faisons baptiser **parce que** nous avons mis toute notre confiance en Jésus pour le pardon de nos péchés.

La Sainte-Cène (ou table du Seigneur ou repas du Seigneur ou communion)

Les évangéliques prennent la communion de façon générale une ou deux fois par mois. Certains, plus rares, le font chaque semaine. Pendant la célébration du dimanche, le temps de la table du Seigneur est généralement animé par un pasteur ou un diacre de l'église. Pendant ce temps, les gens seront invités à méditer sur leur vie et à demander à Dieu pardon pour leurs péchés. On priera pour remercier Dieu pour chacun des éléments, le pain et la coupe (qui symbolisent le corps et le sang de Christ à la croix) et des préposés passeront (généralement du jus de raisin) que les membres de la communauté prendront.

La Sainte-Cène comme un repas mémorial de « remerciements »

Le mot « eucharistie » signifiant « merci » en grec, le repas du Seigneur est donc en tout premier lieu un repas de remerciement, d'action de grâce envers celui qui a donné sa vie pour nous. Les paroles que Jésus prononça (les paroles d'institutions) sont particulièrement importantes pour les évangéliques :

> « *Puis il prit une coupe,* **remercia** *Dieu et dit : « Prenez cette coupe et partagez-la entre vous car, je vous le dis, désormais je ne boirai plus du fruit de la vigne jusqu'à ce que le royaume de Dieu soit venu. » Ensuite il prit du pain et, après avoir remercié Dieu, il le rompit et le leur donna en disant : « Ceci est mon corps qui est donné pour vous.* **Faites ceci en souvenir de moi.** *» Après le souper il*

> *prit de même la coupe et la leur donna en disant : « Cette coupe est la nouvelle alliance en mon sang qui est versé pour vous. »* — Luc 22.17-20

Pour les évangéliques, la table du Seigneur est avant tout un mémorial, un acte du souvenir : « Faites ceci en mémoire de moi » disait Jésus. La table du Seigneur n'est donc pas un sacrifice comme dans la doctrine catholique, mais un mémorial, un rappel du sacrifice de Jésus-Christ. Après tout, Jésus-Christ est mort une fois pour toutes (Hébreux 9.26). Tout comme le baptême renvoie à la mort et la résurrection de Jésus, la Sainte-Cène le fait aussi. Le repas du Seigneur renvoie à la mort de Christ et au pardon des péchés. « Ceci est mon corps qui est rompu pour vous », « C'est mon sang qui a coulé ». Prendre le pain et la coupe, c'est s'identifier avec ce que Jésus a fait pour nous, c'est affirmer que nous sommes des pécheurs et que nous avons besoin de la grâce de Dieu et c'est proclamer que nous voulons vivre notre vie pour Dieu.

Qui peut prendre la Sainte-Cène ?

Pour les évangéliques, seuls les véritables croyants peuvent prendre part à la Sainte-Cène. Généralement, seulement ceux qui ont professé leur foi par leur baptême peuvent prendre part à la Sainte-Cène. Une certaine latitude existe du fait que, dans le milieu évangélique, le moment de la conversion et le moment du baptême sont parfois séparés par des mois ou des années dans certains cas. Dans ces cas, tous ceux qui ont mis leur confiance en Jésus-Christ pour leur salut peuvent prendre la Sainte-Cène.

L'Église : la communauté de l'Agneau

Tout comme dans le Seigneur des anneaux, les membres de la Communauté ont une mission : combattre le mal en prêchant l'Évangile de Jésus-Christ. Ils sont plusieurs et chacun a des habiletés et des dons différents. Les membres de la communauté ont besoin les uns des autres. Dès le début, l'Église faisait plusieurs choses :

> « *Ceux qui acceptèrent sa parole furent donc baptisés et, ce jour-là, le nombre des disciples augmenta d'environ 3000 personnes. Ils persévéraient dans l'enseignement des apôtres, dans la communion fraternelle, dans la fraction du pain et dans les prières. La crainte s'emparait de chacun et il se faisait beaucoup de prodiges et de signes miraculeux par l'intermédiaire des apôtres. Tous ceux qui croyaient étaient ensemble et ils*

avaient tout en commun. Ils vendaient leurs propriétés et leurs biens et ils en partageaient le produit entre tous, en fonction des besoins. Chaque jour, avec persévérance, ils se retrouvaient d'un commun accord au temple ; ils rompaient le pain dans les maisons et ils prenaient leur nourriture avec joie et simplicité de cœur. Ils louaient Dieu et avaient la faveur de tout le peuple. Le Seigneur ajoutait chaque jour à l'Eglise ceux qui étaient sauvés. » — Actes 2.42-47

L'église locale est deux choses. Elle est une communauté d'adoration et une communauté de croissance et de multiplication. L'église se réunit pour adorer Dieu : le prier, le chanter, méditer, partager la table du Seigneur et entendre Dieu par la prédication de Sa parole. L'église est aussi une communauté de croissance et de multiplication. Comme le disait Martin Luther, Dieu nous aime tel que nous sommes, mais il nous aime trop pour nous laisser tel quel ! L'église est un endroit de transformation, d'apprentissage. C'est le rôle de l'église que de partager la foi avec d'autres et de fonder de nouvelles communautés là où il n'y en a pas encore. L'église est un endroit où le croyant est équipé et encouragé à avoir une influence positive autour de lui.

Un service du dimanche évangélique

À quoi pouvons-nous nous attendre quand nous visitons une église évangélique pour la première fois ? Disons en premier que vous serez probablement frappé par la simplicité du bâtiment et des gens que vous allez rencontrer. L'église évangélique a une ambiance familiale. Le service, appelé aussi culte d'adoration, dure de façon générale une heure et demie. Le temps est généralement réparti ainsi : 45 minutes de chants, quelques lectures et annonces, et une quarantaine de minutes sont allouées à la prédication sur un passage biblique qui sera appliqué à la vie de tous les jours. Pendant la période de prédication, les enfants sont invités à aller dans des classes « d'école du dimanche » où ils auront des histoires de la Bible adaptées à leur âge.

En résumé

- L'église est l'idée de Jésus-Christ. Elle fait partie de son plan pour partager la Bonne Nouvelle et contrer le Mal sur cette terre.

- L'église n'est pas un bâtiment. L'église est une communauté de croyants, de disciples de Jésus qui désirent le suivre et faire sa volonté.

- Tout ce qui s'appelle église n'est pas Église. La véritable Église c'est l'ensemble des gens qui professent activement Jésus-Christ.

- Le baptême symbolise l'identification à la mort et à la résurrection de Jésus.

- Jésus a instauré la Sainte-Cène comme un signe pour les gens faisant partie de l'Église. Dans la Sainte-Cène le croyant s'associe à la mort et à la résurrection de Jésus. Il prend le temps de s'examiner et de demander pardon pour ses péchés.

- La communion ne peut pas se prendre tout seul !

- L'ordre « conversion-baptême-sainte-Cène » est important pour les évangéliques. Si la Sainte-Cène est le repas de la nouvelle alliance, il semble normal que seuls les membres de la nouvelle alliance y participent.

▪ Dieu a planifié l'Église comme une communauté d'adoration mais aussi une communauté de croissance. Il veut que l'on grandisse dans notre vie et dans notre foi.

QUESTIONS DE RÉFLEXION

1) Quels sont les mauvais coups de l'église dans l'histoire ?

2) Est-ce que tout ceux qui se disent chrétiens sont des chrétiens ? Comment peut-on faire la différence ?

3) Après la lecture de ce chapitre, comment décrirais-tu ce que devrait être une église ?

4) Quels sont les deux ordonnances ou symboles que Dieu a donné à l'église ?

5) Quelles en sont leurs significations ?

6) Quel est le rôle de l'Église aujourd'hui ?

7) Quel est le message de l'Église ?

LE RETOUR
DU ROI

LE SEUL VRAI MYTHE

Vous êtes-vous déjà demandé pourquoi toutes les histoires et les contes se ressemblent sur plusieurs points ? Toutes les histoires débutent avec une situation initiale qui sera troublée par un événement perturbateur. Il s'ensuit un combat où s'affrontent le bien et le mal. On trouve vers la fin un dénouement heureux ou un nouveau commencement où le bien règne.

Les mythes modernes n'y échappent pas : la *Guerre des étoiles (Star Wars)* commence là où la Galaxie va relativement bien, mais vient le trouble : les Siths réemergent. Au moment où tout va au plus mal, un nouvel espoir renaît en la personne de Luke Skywalker. Et à la fin de tout, la paix est revenue dans la galaxie, le bien a triomphé du mal.

La Matrice et le *Seigneur des anneaux* sont deux autres exemples marquants. Ce n'est pas pour rien que l'on peut faire des liens si puissants avec l'histoire chrétienne. Dans le premier film de la Matrice, toute l'humanité est esclave et vit dans l'illusion (le péché). Une prophétie a été faite, il y a bien longtemps concernant la venue d'un Messie, l'Élu. Morphéüs, le précurseur du Messie (Jean-Baptiste) a passé toute sa vie à chercher l'Élu. Néo (qui signifie « nouvel homme ») mènera le combat contre le monde des machines (le Mal). Il donnera sa vie lors de son combat mais l'amour de la « Trinité » le ressuscitera. Il détruira le mal. Par la suite, il annoncera aux machines que leur règne est terminé, qu'il faudra maintenant « ouvrir les yeux » à ceux qui sont encore dans les « ténèbres » (partager la Bonne Nouvelle qui libère) et le film se termine sur l'image de Néo qui s'envole vers le ciel (l'ascension de Jésus).

Le Seigneur des Anneaux, pour sa part, fut écrit par J.R.R Tolkien, un chrétien qui eut d'ailleurs une grande influence dans la conversion de C.S Lewis (l'auteur des *Chroniques de Narnia*), qui devint un des plus grands théologiens et philosophes chrétiens du vingtième siècle. Peut-être ne le savez-vous pas, mais *Le Seigneur des Anneaux* a délibérément été écrit par Tolkien pour être une grande allégorie de l'histoire chrétienne. Le mal y est ici personnifié dans le personnage de Sauron. Le mal a créé l'anneau du pouvoir (le péché), une arme qui donne l'autorité, la puissance et qui corrompt quiconque le prend. Gollum est un tragique exemple de ce que le péché fait à un individu. Toute l'histoire tournera autour de la quête pour détruire l'anneau et de restaurer la paix. Plusieurs personnages symbolisent le Christ dans cette aventure épique. Gandalf en est une figure : Gandalf le gris, qui mourra en se battant contre le Balrog (cet être de feu qui semble être sorti tout droit de l'enfer) ressuscitera en devenant Gandalf le blanc. C'est lui que l'on voit arriver lors de la bataille sur la colline sur son cheval blanc. Nous avons aussi Aragorn, ce roi centenaire qui vit plutôt la vie d'un homme de chemin (Jésus qui a pris sur lui notre humanité). L'histoire culminera lors du retour du Roi. Une fois le péché et Sauron vaincus au Mordor, nous assisterons au retour de la paix sur la terre et au retour du Roi. Aragorn, à la fin de la trilogie, n'est plus seulement celui qui combat le mal à nos côtés en tant qu'homme, mais il est le Roi revenu pour le règne de paix. Ainsi en est-il du Christ, nous dit la Bible.

C.S Lewis, pour sa part, a écrit les *Chroniques de Narnia*, une série de sept livres pour enfants qui couvre toute l'histoire de la Bible, de la création du monde jusqu'à la dernière bataille finale contre le mal. *L'armoire magique* qui se trouve chronologiquement au centre des sept livres, fut en fait le premier écrit par Lewis. Dans cette histoire, le monde de Narnia vit sous la domination du mal (symbolisée par la méchante sorcière). Il y est dit qu'Aslan (le créateur de Narnia) reviendrait bientôt. Il y aurait une prophétie liée aux « fils d'Adam et aux filles d'Ève » qui règneraient sur le trône. La sorcière réussit à corrompre un des quatre jeunes (Judas). La prophétie ne pourra donc jamais s'accomplir. Mais Aslan donne sa vie en échange de celle du traître puis il reviendra à la vie et détruira les œuvres de la méchante sorcière.

C'est ce même C.S Lewis qui affirma que le christianisme « est le seul mythe vrai ». Oui, le christianisme est bien « un mythe » (pas dans le sens populaire de « quelque chose de faux » mais dans sa définition philosophique où il a le sens de « grand récit » sur les origines). Pourquoi toutes les histoires ont-elles un modèle semblable si ce n'est que la plus grande histoire jamais écrite vient de la main de Dieu ? Nous voyons cela dans l'histoire du monde : état initial, élément perturbateur, règne du mal, venue du héros, sacrifice du héros, retour du héros, échec du mal, dénouement heureux et juste condamnation des méchants.

SI NOTRE EXISTENCE EST UNE HISTOIRE ÉCRITE PAR DIEU QUEL EN EST L'ABOUTISSEMENT ?

La question qui devrait nous frapper est : « Quel est le but de l'existence ou de l'Histoire ? ». Pour mieux comprendre la fin de l'histoire, il vaut la peine de rapidement récapituler, sous un aspect différent, ce que nous avons vu depuis le début de ce livre.

Au commencement, Dieu, qui existe de toute éternité, a créé notre monde. Il a créé l'être humain avec la capacité de faire des choix. Dieu a créé le monde entier et tout ce qui s'y trouve et il a dit : « Tout ce que j'ai créé est bon » (Genèse 1.31). Dieu a créé l'être humain à son image (Genèse 1.26). L'être humain est donc un être relationnel. Les relations font partie du but de Dieu en créant le monde. Le but de Dieu est de créer une terre sur laquelle tous l'adorent (le reconnaissent comme Dieu), vivent heureux et ont une bonne relation les uns avec les autres.

Dieu a créé l'être humain libre. L'être humain n'était donc pas forcé d'obéir à Dieu. Néanmoins, la Bible nous dit que Dieu est omniscient, c'est-à-dire qu'il connaît tout, incluant l'avenir. Dieu connaît toutes choses avant même qu'elles n'arrivent. Dieu savait très bien ce qui allait arriver. Dieu savait donc, bien avant de créer le monde, que l'être humain déciderait de tenter sa chance par lui-même.

Devant ce « problème », Dieu aurait pu trouver plein de solutions différentes. Dieu pouvant créer n'importe quel monde possible, il aurait pu créer :

A) Un monde sans humain.

B) Un monde avec uniquement des robots qui le servent.

C) Un monde où l'humanité choisit le mal et où il décide de ne pas intervenir.

Mais ce ne sont pas les mondes qu'il a choisi "d'actualiser", de rendre réel. Il semble plutôt que le plan de Dieu est d'avoir un monde où les gens l'adorent volontairement et où le mal n'existerait plus. Mais comment avoir un monde « sans mal » tout en n'enlevant pas le choix aux êtres humains ? Voilà tout un dilemme que les théologiens et philosophes discutent depuis plusieurs millénaires.

1) Si Dieu veut avoir un peuple qui l'adore et l'aime volontairement alors 2) La liberté (et donc la possibilité de la désobéissance) est donc inévitable. Sans un certain libre-arbitre, l'humain ne peut pas imaginer la possibilité d'aimer réellement. Si j'apporte à ma femme mécaniquement des fleurs à 15 h 00 tous les jours, elle ne pensera pas que je l'aime mais que je le fais par devoir ou par habitude.

En somme, dès que Dieu ajoute une certaine liberté au monde, la possibilité du mal est donc inévitable. Elle est une conséquence directe de la liberté. En fait, non seulement la liberté amène-t-elle la possibilité du mal, mais Dieu savait que peu importe le monde qu'il actualiserait, la liberté amènerait inévitablement le mal. Peu importe le monde créé, la liberté ferait qu'au minimum certains choisiraient le mal.

En créant le monde, Dieu a accepté que le mal jouerait une part dans son plan, bien qu'il ne soit pas, lui-même, l'auteur du mal ou celui qui commet le mal. On peut donc dire que le mal fait partie du plan de Dieu en ce que, non pas que Dieu aime le mal, mais que pour créer le monde qu'il voulait créer, le mal ne pouvait pas être évité.

Le projet de Dieu est donc un peu plus complexe que l'on pourrait penser. Dieu doit donc,

MALGRÉ le mal, créer un monde juste, parfait et une communauté qui l'adore. Pour bien montrer que Dieu n'a pas été pris par surprise par le mal, la Bible nous dit qu'avant même la création Dieu avait choisi la solution :

> « *Vous le savez en effet, ce n'est pas par des choses corruptibles comme l'argent ou l'or que vous avez été rachetés de la manière de vivre dépourvue de sens que vous avaient transmise vos ancêtres, mais par le sang précieux de Christ, qui s'est sacrifié comme un agneau sans défaut et sans tache. **Prédestiné avant la création du monde**, il a été révélé dans les derniers temps à cause de vous. Par lui, vous croyez en Dieu qui l'a ressuscité et lui a donné la gloire, de sorte que votre foi et votre espérance reposent sur Dieu* ».
>
> — 1 Pierre 1.18-21

Jésus avait été prédestiné AVANT même que le premier être humain ne se rebelle contre Lui. Ceci confirme que le mal faisait partie, d'une certaine façon, du plan de Dieu.

Mais quel est ce plan ? « Il s'est donné lui-même pour nous afin de nous racheter de toute faute et de se faire un peuple qui lui appartienne, purifié et zélé pour de belles œuvres. » Tite 2.14. Le plan de Dieu est de se créer un peuple qui lui appartienne, un peuple où règnera la justice. Un monde où « le loup et l'agneau brouteront ensemble, le lion, comme le bœuf, mangera de la paille et le serpent aura la poussière pour nourriture. On ne commettra ni mal ni destruction sur toute ma montagne sainte, dit l'Éternel ». Ésaïe 65.25

Un monde sans mal. Est-ce possible ? Si oui, comment est-ce possible ? Nous avons vu plus tôt dans ce livre que Jésus est mort sur la croix pour plusieurs choses : prendre nos péchés sur lui, vaincre le mal, désarmer le diable et rétablir la paix entre l'être humain et Dieu. Nous avons vu qu'il est ressuscité afin de vaincre la mort et la souffrance. Il nous donne ensuite le Saint-Esprit pour nous transformer à Son image. C'est l'Église (l'ensemble des croyants rachetés par Dieu) qui a reçu le mandat d'annoncer la Bonne Nouvelle qui est que Dieu, par Jésus, offre aux humains la possibilité d'être réconciliés avec Dieu.

Mais la réalité c'est que malgré tout ce que Dieu a fait pour l'être humain, la majorité de l'humanité désire rester en guerre contre lui. Peut être n'oserions-nous pas dire les choses ainsi, mais dans la réalité les gens préfèrent rester maîtres de leur propre destinée. Jésus avait bien raison :

« *Entrez par la porte étroite ! En effet, large est la porte, spacieux le chemin menant à la perdition, et il y en a beaucoup qui entrent par là, mais étroite est la porte, resserré le chemin menant à la vie, et il y en a peu qui les trouvent.* » *Matthieu 7.13.* Le but de Dieu est d'avoir la paix sur la terre où il y a un véritable amour et où les gens le reconnaissent tous légitimement comme Dieu.

La seule façon d'accomplir le plan de Dieu était donc ceci :

1) Dieu a créé l'être humain bon et libre. Ce faisant, il devait laisser la place à la possibilité du mal.

2) L'être humain a chuté et a par conséquent déclaré la guerre avec Dieu.

3) Dieu est venu racheter l'être humain du mal par le sacrifice de Jésus, en souffrant lui-même sur la croix.

4) Il a vaincu la mort, conséquence de la chute, par sa résurrection d'entre les morts.

5) Par l'Église, il annonce la Bonne Nouvelle afin que quiconque croit

ne périsse pas mais ait la vie éternelle.

6) Dieu ne peut pas laisser à jamais impunis les crimes, la violence et la souffrance.

7) Dieu désirant avoir un monde exempt de mal, la séparation des bons et des méchants et le jugement final est la seule façon d'y parvenir. Dieu doit exclure ceux qui sont restés en guerre contre Lui jusqu'au bout. Sans quoi, « le ciel, ce serait l'enfer... ».

« I'LL BE BACK... » (JE REVIENDRAI...)

Lorsque Jésus retourna auprès de son Père, alors que les apôtres regardaient le ciel, deux anges leur apparurent et dirent : « Hommes de Galilée, pourquoi restez-vous à regarder le ciel ? Ce Jésus qui a été enlevé au ciel du milieu de vous reviendra de la même manière que vous l'avez vu aller au ciel. » Actes 1.11

Jésus de Nazareth reviendra de façon corporelle et visible : « *Le voici qui vient avec les nuées. Tout œil le verra, même ceux qui l'ont transpercé, et toutes les familles de la terre pleureront amèrement sur lui. Oui. Amen !* » *Apocalypse 1.7*

C'est particulièrement à cause du retour de Jésus que les chrétiens devraient partager la Bonne Nouvelle à tous : « *C'est pourquoi je t'en supplie, devant Dieu et **devant le Seigneur Jésus-Christ qui doit juger les vivants et les morts au moment de sa venue et de son règne** : prêche la parole, insiste en toute occasion, qu'elle soit favorable ou non, réfute, reprends et encourage. Fais tout cela avec une pleine patience et un entier souci d'instruire. En effet, un temps viendra où les hommes ne supporteront pas la saine doctrine. Au contraire, ayant la démangeaison d'entendre des choses agréables, ils se donneront une foule d'enseignants conformes à leurs propres désirs. »* 1 Timothée 4.1-4

Jésus a parlé lui-même de son retour :

> « *Alors le signe du Fils de l'homme apparaîtra dans le ciel ; tous les peuples de la terre se lamenteront et ils verront le Fils de l'homme venir sur les nuées du ciel avec beaucoup de puissance et de gloire. Il enverra ses anges avec la trompette retentissante et ils rassembleront ceux qu'il a choisis des quatre coins du monde, d'une extrémité du ciel à l'autre.* »
> — Matthieu 24.30-31

« *Lorsque le Fils de l'homme viendra dans sa gloire avec tous les saints anges, il s'assiéra sur son trône de gloire. Toutes les nations seront rassemblées devant lui. Il séparera les uns des autres, comme le berger sépare les brebis des boucs.* »
— MATTHIEU 25.31

Nous savons que Jésus reviendra, mais personne ne connaît le moment de son retour. Quiconque annonce savoir la date de son retour fait automatiquement erreur, il ne faut pas l'écouter :

« **Quant au jour et à l'heure, personne ne les connaît, pas même les anges du ciel, ni même le Fils . mon Père seul les connaît.** *Ce qui est arrivé à l'époque de Noé arrivera de même au retour du Fils de l'homme. En effet, dans les jours précédant le déluge, les hommes mangeaient et buvaient, se mariaient et mariaient leurs enfants, jusqu'au jour où Noé est entré dans l'arche. Ils ne se sont doutés de rien jusqu'à ce que le déluge vienne et les emporte tous. Il en ira de même au retour du Fils de l'homme.* »
— MATTHIEU 24.36-39

Paul dit la même chose dans une lettre à l'église de Thessaloniques :

> « En effet, vous savez bien vous-mêmes que le jour du Seigneur viendra comme un voleur dans la nuit. Quand les hommes diront : « Paix et sécurité ! » alors une ruine soudaine fondra sur eux, comme les douleurs sur la femme enceinte ; ils n'y échapperont pas. »

— 1 Thessaloniciens 5.2-3

Un nouveau commencement

> « Puis je vis un nouveau ciel et une nouvelle terre, car le premier ciel et la première terre avaient disparu et la mer n'existait plus. Je vis descendre du ciel, d'auprès de Dieu, la ville sainte, la nouvelle Jérusalem, préparée comme une mariée qui s'est faite belle pour son époux. J'entendis une voix forte venant du ciel qui disait : « Voici le tabernacle de Dieu parmi les hommes ! **Il habitera avec eux, ils seront son peuple** et Dieu lui-même sera avec eux, il sera leur Dieu. **Il essuiera toute larme de leurs yeux, la mort ne sera plus et il n'y aura**

plus ni deuil, ni cri, ni douleur, car
ce qui existait avant a disparu. »
— APOCALYPSE 21.1-4

Voilà donc le plan de Dieu : Avoir un monde où il essuiera toute larme de nos yeux, où la mort ne sera plus et où il n'y a ni deuil, ni cri, ni douleur... Un monde où tout ceux qui ont mis leur confiance en Lui auront la vie éternelle et vivront pour toujours.

C'est là l'espérance de tous les chrétiens : Jésus revient bientôt. C'est cette espérance qui nous permet d'accepter la souffrance dans ce monde, d'accepter d'être parfois ridiculisé pour nos valeurs. C'est ce qui a permis à de nombreux chrétiens à travers l'histoire, et encore aujourd'hui, de mourir pour leur foi.

Mais rappelons encore une fois, en terminant ce chapitre, que Dieu ne sera pas injuste dans son jugement, bien au contraire : Dieu dans sa grâce appelle tous à se repentir : « Que celui qui a soif vienne ! Que celui qui veut de l'eau de la vie la prenne gratuitement ! » Apocalypse 22.17. Terminons sur ce passage de Paul qui résume très bien tout ceci :

> « *Et penses-tu, toi qui juges les*
> *auteurs de tels actes et qui les fais*
> *aussi, que tu échapperas au jugement*

de Dieu ? **Ou méprises-tu les richesses de sa bonté, de sa patience et de sa générosité** en ne reconnaissant pas que la bonté de Dieu te pousse à changer d'attitude ? Par ton endurcissement et ton refus de te repentir, tu t'amasses un trésor de colère pour le jour où Dieu révélera sa colère et son juste jugement. Il traitera chacun conformément à ses actes : à ceux qui, par leur persévérance à faire le bien, recherchent l'honneur, la gloire et l'incorruptibilité, il donnera la vie éternelle ; mais il réserve son indignation et sa colère à ceux qui, par esprit de révolte, rejettent la vérité et obéissent à l'injustice ».

— ROMAINS 2.3-8

QUESTIONS DE RÉFLEXION

1) Est-ce que l'idée que Jésus revient est une nouvelle idée pour toi ?

2) Pourquoi revient-il ?

3) Quel est le but de Dieu pour le monde ?

4) Y a-t-il une autre alternative que le jugement pour arriver à un monde parfait et libre ?

5) Dieu a manifestement un plan extraordinaire pour l'humanité. D'après-toi pourquoi si peu de gens décident de suivre Jésus-Christ ?

6) Lorsque Jésus reviendra, feras-tu partie du peuple de Dieu ?

L'ADN DES ÉVANGÉLIQUES

LES ÉVANGÉLIQUES SITUÉS DANS L'HISTOIRE

Souvent appelés à tort « les évangélistes » à cause de leur accent sur le partage de leur foi, les évangéliques ont souvent bien mauvaise presse dans les médias actuellement. On les associe à Georges W. Bush, à la droite américaine et au fait qu'ils sont un lobby important auprès de partis politiques de droite. On sait qu'il y en a en Alberta mais peu savent qu'il y en a aussi dans la francophonie canadienne. Il est encore moins connu que les premiers colons français qui sont venus au Canada vers 1534, les Huguenots, étaient des protestants francophones. La présence protestante francophone en Nouvelle-France était importante à tous les échelons de la société. C'est parce qu'ils seront éventuellement chassés (beaucoup ont émigrés aux États-Unis) par le clergé catholique de l'époque que l'on ne les connaît pas beaucoup. Il y a donc une partie de mythe dans le fait que tous les francophones étaient des catholiques et que tous les protestants étaient des Anglais.

Dans ce chapitre, nous aimerons comprendre davantage les racines des évangéliques. Qui sont leurs ancêtres ? Il est difficile de critiquer un mouvement si on ne prend pas le temps de le comprendre dans son contexte historique et social. Il faut aussi comprendre que tous les évangéliques ne sont pas semblables. Les évangéliques du Québec n'ont pas la même histoire que les évangéliques aux États-Unis ou en Europe par exemple. Tout de même, ils partagent généralement certains points de base.

Quel est « l'ADN » des évangéliques d'aujourd'hui ? En d'autres mots, quel est leur héritage génétique ? Dans la vraie vie, il se peut que je retienne plusieurs choses de mes parents mais il est aussi vrai que notre héritage génétique remonte aux grands-parents ou aux arrière-grands-parents. Par exemple, il arrive qu'un père châtain et une mère blonde donne un enfant roux car un grand-parent était roux. Quel est l'héritage génétique des évangéliques ? Qu'avons-nous gardé de nos ancêtres spirituels ? Quel sang coule dans nos veines ? Aussi, il est à noter qu'il n'y a pas que de bonnes choses qui se communiquent par l'ADN mais aussi certaines maladies. Les évangéliques ont-ils gardés certains défauts dans leur bagage génétique ? C'est ce que nous tenterons de voir dans ce chapitre.

Quand nous examinons de près l'ADN évangélique nous constaterons que :

- Les évangéliques sont des chrétiens
- Les évangéliques ont un héritage apostolique[18]
- Les évangéliques ont un héritage catholique (mais pas romain) ![19]
- Les évangéliques ont un héritage protestant
- Les évangéliques ont un héritage « (ana)baptistes »[20]
- Les évangéliques mettent un accent sur la piété et la pureté dans leur vie personnelle
- Les évangéliques croient aux notions fondamentales de la Bible.

LES ÉVANGÉLIQUES SONT CHRÉTIENS

Dans un premier temps, nous pouvons souligner que nous sommes bel et bien des chrétiens. Notre but est de ressembler, de devenir semblable à Jésus-Christ. C'est le but ultime de notre vie : adorer Dieu, c'est devenir comme Jésus. Le mot « évangélique » contient le mot « évangile » et signifie que nous croyons fermement au Christ tel que présenté dans les quatre évangiles. Nous croyons que c'est Jésus qui a instauré l'église et qu'il n'y avait, à la base, qu'une seule église. Jésus-Christ le disait bien lui-même : « Je construirai mon Église, et les portes du séjour des morts ne l'emporteront pas sur elle. » Matthieu 16.18b. Le mot grec du Nouveau Testament pour église est le mot « ecclesia » qui signifie tout simplement « assemblée ». Dans la version grecque de l'Ancien Testament, le mot signifiait, entre autres choses, « une maison de disciple » ou l'assemblée du peuple d'Israël. Un disciple, pour reprendre une image populaire, est un peu comme un padawan dans la série populaire *Star Wars*. Un disciple est quelqu'un qui veut devenir comme le Maître. Un chrétien, c'est un disciple de Christ, c'est quelqu'un qui veut devenir comme lui. C'est cela la « Grande Mission » que Jésus a donnée à ses disciples avant de partir au ciel : « *Allez donc dans le monde entier, faites des disciples parmi tous les peuples, baptisez-les au nom du Père, du Fils et du Saint-Esprit et apprenez-leur à observer tout ce que je vous ai prescrit.* » *Matthieu 28.19-20 (Version Parole*

Vivante). Un évangélique base sa vie sur l'évangile et sur la mission que Jésus a donnée à l'Église. Un des désirs principaux des évangéliques est de vouloir revenir le plus près possible des pratiques de l'Église primitive décrites dans le Nouveau Testament. C'est pour cela que les cultes sont simples, que la liturgie est souvent spontanée, que tous les membres participent activement au culte, qu'il y a aussi des rencontres dans les maisons et que les lieux de culte ne ressemblent pas aux églises catholiques romaines.

LES ÉVANGÉLIQUES ONT UN HÉRITAGE APOSTOLIQUE

Les évangéliques sont apostoliques en ce qu'ils croient que Jésus a instauré ses douze disciples (Judas, qui a trahi Jésus, fut remplacé par Matthias) ainsi que Paul comme des apôtres, des leaders de l'Église primitive. Les écrits des apôtres et des gens travaillant avec eux (des lettres personnelles et publiques, des évangiles, des enseignements et une apocalypse) sont donc fondamentaux pour notre foi. C'est ce que nous retrouvons dans le Nouveau Testament. Mis à part Paul, ils ont tous vu et vécu avec Jésus avant sa mort et ont été témoins de sa résurrection et ils furent enseignés par le ressuscité pendant 40 jours avant que celui-ci ne retourne au ciel (Actes 1.3).

Les évangéliques croient que les apôtres de Jésus ont joué un rôle unique – et non transmissible – dans l'histoire de l'église. Au contraire de l'église catholique romaine[21], les évangéliques ne croient pas que les apôtres aient confié une autorité spéciale à des successeurs. L'autorité apostolique reposait sur l'expérience personnelle qu'ils avaient du Christ. D'autre part, nulle part Jésus n'a parlé de l'idée de successeurs directs. L'église orthodoxe grecque ne croit pas non plus à la succession apostolique au sens catholique romain. Elle croit plutôt que tous les évêques sont « les successeurs de Pierre » en ce qu'ils ont, ensemble, une autorité qui ressemble à celle des apôtres sur l'Église.

LES ÉVANGÉLIQUES ONT UN HÉRITAGE CATHOLIQUE (MAIS PAS ROMAIN !)

Les évangéliques partagent un héritage commun avec tous les autres mouvements chrétiens (orthodoxes, catholiques, anglicans et autres protestants) au travers des conciles et décisions des quatre ou cinq premiers siècles. C'est au travers de cette période que l'Église a reconnu comme officiels les vingt-sept livres du Nouveau Testament que Dieu avait inspirés et que l'Église a tenté de préciser ses croyances face à toutes les hérésies (fausses doctrines) qui l'attaquaient de l'extérieur. Elle fit cela au travers de conciles, c'est-à-dire de rassemblements d'évêques réunis pour discuter de ces questions et arriver à une réponse commune. Les évangéliques reconnaissent le Symbole[22] des apôtres ainsi que les crédos des Conciles de Nicée et de Constantinople, d'Éphèse et de Chalcédoine, ainsi que le Symbole d'Athanase. Les évangéliques reconnaissent aussi dans les Pères de l'église (les premiers théologiens de l'histoire) une source de réflexion à laquelle ils peuvent puiser, en autant que le tout est évalué à la lumière de l'Écriture. La Bible demeure l'autorité finale pour l'évangélique car elle est, elle seule, la révélation de Dieu aux êtres humains. Les conciles peuvent errer, les pères de l'Église peuvent errer, nous pouvons errer, mais l'Écriture n'erre pas.

Les évangéliques font donc partie de l'église catholique (universelle) non pas en sa version romaine (à partir de 1054) mais en lien avec l'Église des premiers siècles. Cette affirmation peut en surprendre quelques-uns à cause d'une certaine hostilité qui caractérise encore les relations entre les catholiques et protestants. Le mouvement évangélique au Québec a connu un fort essor dans les années 1960, lors de la révolution tranquille. C'est dans ces années que les Québécois ont cessé d'aller à l'église catholique romaine. Ce fut une réelle « révolution » mais, au contraire de nos cousins français, le tout s'est passé dans le calme. L'église catholique qui contrôlait alors sensiblement tout (l'église, le pouvoir, l'éducation, les familles) a perdu beaucoup de pouvoir et de popularité pendant ces années. Dans les deux décennies qui suivirent, les Québécois, en quête de spiritualités alternatives, se convertirent en nombre important à l'évangélisme. Dans les faits, leur conversion n'était pas simplement un mouvement vers l'évangélisme mais aussi une sortie d'un mouvement catholique oppresseur. Force est de constater que la presque totalité des évangéliques au Québec sont d'anciens catholiques. Comme c'est la tendance normale de l'être humain de diaboliser ce dont il est sorti, on peut comprendre un certain sentiment « anti-catholique »[23] d'autant plus que l'histoire protestants-catholiques au Québec n'a pas été des plus roses : des protestants francophones ont été jetés en prison au Québec pour leur foi, on a brûlé des maisons, empêché qu'ils n'obtiennent des postes dans des entreprises et plusieurs autres choses semblables. La majorité des évangéliques ont encore de fortes hésitations à travailler ou à s'associer, de près ou de loin, avec l'église catholique dont ils sont sortis.

Bien que nous faisions partie de l'église catholique au sens d'universel, la Réforme protestante marquera un point tournant majeur dans notre identité. Fait intéressant, sur plusieurs points, l'histoire de l'évangélisme québécois ressemble à ce qui s'est passé en Europe lors de la Réforme protestante.

LES ÉVANGÉLIQUES SONT PROTESTANTS

Comme nous l'avons constaté précédemment, les traditions (principalement les rajouts à la Bible) seront le point de tension majeur entre l'église catholique romaine et l'église protestante naissante. Au fil des siècles, l'église catholique romaine était devenue « multitudiniste », c'est-à-dire une religion de multitude, d'État, à laquelle tout le monde devait adhérer. Automatiquement, cela veut dire qu'il y eut un amalgame de gens qui croyaient avec d'autres qui ne croyaient pas, et ce, à tous les niveaux de la hiérarchie de l'église (autant chez les laïcs que les prêtres). En guise de résultat, la « tradition » a hérité, entre autres, de plusieurs superstitions païennes qui ont été assimilées au Christianisme.

En ce sens, alors que les papes et les conciles les uns après les autres « ajoutaient » infailliblement[24] à la tradition, on s'éloignait de plus en plus de l'enseignement de la Bible. En plus de certains papes que l'église catholique considéra comme des « anti-papes »[25], il y eut, entre 1378 et 1409, simultanément, trois papes qui s'excommuniaient les uns les autres. Difficile de continuer d'adhérer au mythe de l'infaillibilité papale dans ces conditions.

Au milieu du Moyen-Âge (aux alentours du douzième siècle), la redécouverte des manuscrits du philosophe Aristote amena les trois grandes religions monothéistes (Islam, Judaïsme et Christianisme) à essayer de faire la synthèse entre la philosophie grecque et la théologie. Du côté chrétien, c'est Saint-Thomas d'Aquin qui fut notre champion. Résultat : d'un côté, une théologie mélangée au point où il devient difficile de savoir si notre croyance vient de la Bible ou d'Aristote ; et de l'autre, une tradition qui a été infectée par plusieurs papes et anti-papes. Vous pouviez même épargner (pour vos proches décédés) des années dans le purgatoire si vous alliez visiter (pour de l'argent) les reliques de saints.

C'est au début des années 1500 qu'un moine, professeur d'université, nommé Martin Luther, fit une découverte révolutionnaire par ses lectures de la Bible (que même les professeurs lisaient peu à l'époque) : Le salut, la vie avec Dieu, le ciel ne se gagne pas. Il est le don gratuit de Dieu. L'œuvre a déjà été accomplie à la croix. Pas besoin de l'acheter, pas besoin du purgatoire, pas besoin des reliques. Martin Luther ne voulait pas détruire l'église catholique romaine ; au contraire, il voulait qu'elle retourne à sa source, à l'Écriture Sainte. Le 31 octobre 1517, Martin Luther placarda sur les portes de son église à Wittemberg en Allemagne un document de 95 points là où la tradition de l'Église allait à l'encontre de la Bible. On lui fit des procès et on lui posa la question suivante : « Pourquoi vas-tu contre l'Église et contre la tradition ? ». Quand on lui demanda de renier publiquement ses thèses et ses écrits, Luther affirma plutôt : « *À moins que vous ne me convainquiez par l'Écriture seule et par la raison, ma conscience reste captive de la Parole de Dieu* ». On tenta d'assassiner Luther, mais il réussit à s'échapper. Il traduisit la Bible dans la langue du peuple (en allemand) afin que tous puissent avoir accès aux Écritures et constater le nombre important de différences entre la « Tradition romaine » et la véritable « tradition apostolique » telle que retrouvée dans l'Écriture.

On excommunia Martin Luther (et tous ceux qui pensaient comme lui). La Réforme protestante était née. Des pays en entier devinrent protestants et d'autres furent déchirés par le débat.

Malheureusement, des guerres suivirent. Il faut comprendre que le contexte politique et social était bien différent de celui d'aujourd'hui. À l'époque, si tout le monde ne pense pas de la même manière, il devient difficile de garder l'ordre public d'autant plus qu'il faut protéger le pays contre des guerres extérieures. Un pays divisé de l'intérieur possède bien moins de chances de résister aux attaques de l'extérieur. Dans un autre contexte, il aurait peut être été possible que l'Église n'ait jamais connu la Réforme. Il aurait pu être possible d'organiser un concile (ce que Luther a demandé) et de discuter mais le pouvoir religieux et le pouvoir étatique étaient trop liés. Remettre en question l'Église c'était s'opposer au roi et au pouvoir de l'église.

LA RÉFORME PROTESTANTE AVAIT CINQ CRIS DE RALLIEMENT :

Sola Scriptura : L'Écriture seule. C'est la Bible et non la tradition humaine qui est la plus importante. Toutes nos doctrines doivent être testées à partir de l'Écriture. Cela ne veut pas dire que l'on rejette toute la tradition, mais que nous devons la regarder de façon critique. Les Réformateurs faisaient souvent appel, notamment, aux pères des quatre premiers siècles (rappelons que c'est dans ce sens que nous sommes tous « catholiques »).

Sola Deo Gloria : À Dieu seul soit la gloire. Notre mission en tant que peuple de Dieu est de donner à Dieu toute la gloire et non pas à une entité terrestre.

Solo Christo : C'est par l'action du Christ seule que nous sommes sauvés. La grande redécouverte de la Réforme est que l'œuvre de Jésus à la croix est suffisante pour le salut.

Sola Gratia : Par la grâce seule. Dans se sens, le salut est une grâce, pas un mérite. Tenter de gagner son ciel c'est dire : « Je vais tenter "d'EN-FER" (d'en faire) assez ! ». C'est dire à Dieu : « Jésus est mort pour cela ? Non merci, je vais le gagner moi-même ». Pierre adresse un reproche semblable à un homme dans le livre des Actes : « *Mais Pierre lui dit : « Que ton argent soit perdu avec toi, puisque tu as cru que le don de Dieu s'achète à prix d'argent ! Tu n'as ni part ni héritage dans cette affaire, car ton cœur n'est pas droit devant Dieu ». (Actes 8.20-21 – SEGOND 21)*

Sola Fide : Justification par la foi seule. Autrement dit, pour être bénéficiaire du salut, on doit l'accepter par la foi. Cela ne veut pas dire que Dieu ne nous appelle pas à l'action, mais que cette action est une résultante d'une vie changée et non pas notre tentative de plaire à Dieu. Dans ce sens, l'apôtre Paul écrit :

> « En effet, c'est par la grâce que vous êtes sauvés, par le moyen de la foi. Et cela ne vient pas de vous, c'est le don de Dieu. Ce n'est pas par les œuvres, afin que personne ne puisse se vanter. En réalité, c'est lui qui nous a faits ; nous avons été créés en Jésus-Christ pour des œuvres bonnes que Dieu a préparées d'avance afin que nous les pratiquions ». — Éphésiens 2.8-10 (Segond 21)

Les évangéliques sont des « baptistes »[26]

Pour être plus exact, disons que la majorité des évangéliques sont des « anabaptistes »[27] (des rebaptiseurs) ou des crédo-baptistes (baptise sur la profession de foi). Les Réformateurs auront changé beaucoup de choses, mais pas assez selon plusieurs qui commençaient à lire et à étudier la Bible. Des réformateurs plus radicaux (on appelle d'ailleurs cela *la réforme* radicale) trouvaient que Luther et les autres réformateurs n'avaient pas été assez loin dans leurs changements : tout ce qui ne se trouvait pas dans le Nouveau Testament devait partir. Le désir de la réforme radicale était simple : on voulait revenir – réellement et coûte que coûte – à l'Église du Nouveau Testament.

On se rendait compte, par exemple, que dans la Bible, seulement des gens qui prenaient un engagement (donc principalement des adultes) étaient baptisés. La conversion (la volonté de changer de vie, de se repentir) était donc nécessaire au baptême tandis que les Réformateurs continuaient de baptiser les bébés. Étant donné que plusieurs avaient été baptisés enfants, les réformateurs radicaux prêchaient la nécessité du « re-baptême » pour être véritablement dans l'Église.

Malheureusement, contexte socio-politique oblige, les réformateurs radicaux ont été perçus comme une menace aux états et aux villes protestantes, déjà en guerre avec les catholiques romains. On n'avait pas le temps de s'asseoir et de discuter. Résultat : les réformateurs protestants ont persécuté les réformateurs anabaptistes. Dans les faits, on en tua plusieurs... par baptême (noyade).

Les églises issues de la Réforme (luthériennes, calvinistes, anglicanes) continuèrent d'évoluer en parallèle avec le mouvement « anabaptiste ». Aujourd'hui, on a laissé tombé le « ana » devant le « baptiste » parce que, le monde étant de moins en moins chrétien, on « rebaptise » de moins en moins, mais on continue de prêcher le crédo-baptême, le baptême de croyants seulement.

Notre héritage anabaptiste est donc la raison pour laquelle vous retrouverez moins (ou pas du tout) d'images dans nos églises, que nos bâtiments sont simples et n'ont parfois pas l'air d'églises traditionnelles. On y retrouve souvent une absence de liturgie[28] (bien que souvent on fait sensiblement la même chose d'une semaine à l'autre) et une hiérarchie moins lourde. Chaque église baptiste est indépendante sous Christ qui est le chef de l'église. Les églises peuvent, par contre, se regrouper en association d'églises qui partagent les mêmes croyances.

LES ÉVANGÉLIQUES METTENT UN ACCENT SUR LA PURETÉ ET LA PIÉTÉ DANS LE VIE PERSONNELLE

Bien qu'il ne faille pas confondre ces anciens mouvements avec le mouvement évangélique (il y a des différences), le puritanisme et le piétisme ont eu un impact important sur le mouvement évangélique.

Les puritains

Le « puritanisme » était un mouvement anglais de la fin seizième, début dix-septième siècle, qui mettait l'accent sur la pureté morale et personnelle et une simplicité dans l'adoration. Le mot « puritain » était en fait originalement une insulte : leurs détracteurs les accusaient de continuellement vouloir « purifier » l'église. Par exemple, pour eux, si une chose n'est pas expressément prescrite dans la Bible, elle n'a pas sa place dans la célébration du dimanche. Ils interdirent l'utilisation de plusieurs instruments de musique pendant le culte (bien qu'à l'extérieur de l'église ils aimaient beaucoup la musique)[29]. Ils rejetterent le *Book of Common Prayer* (Livre de prières communes) en 1645[30]. Ils tentiront de réduire « la taille de l'église » en essayant de faire éliminer l'office d'évêque afin de rendre les choses plus simples. Les puritains ne formaient pas originellement un seul mouvement. Plutôt, l'idéologie puritaine se retrouvait dans plusieurs mouvements où les membres de pensée puritaine tenteraient d'apporter un renouveau au groupe.

Malheureusement, comme à plusieurs autres moments de l'histoire, il y eut un désir de créer une société chrétienne parfaite. Quand ils seront en majorité au pouvoir, les puritains tenteront d'implémenter un régime sévère. Ils s'opposeront aux abus d'alcool, aux jeux de hasard, à la danse, au théâtre, au luxe vestimentaire, etc. L'adultère sera même puni de mort pendant un moment.

C'est un peu, d'ailleurs, la critique que plusieurs font du mouvement évangélique américain aux États-Unis : on les accuse de vouloir forcer leur moralité sur le pays tout entier. Il faut noter que l'influence des puritains sur nos voisins du sud, les évangéliques américains, a été beaucoup plus forte. En effet, entre 1620 et 1640 beaucoup de puritains émigrèrent d'Angleterre pour s'installer en Nouvelle-Angleterre parce qu'ils croyaient que l'Église d'Angleterre était au-delà de la possibilité d'une réforme. Entre 1630 et 1640 plus de 13 000 hommes, femmes et enfants voyagèrent jusqu'en Nouvelle Angleterre. La Nouvelle société était donc basée sur les valeurs puritaines économiques et religieuses. Bien que l'émigration puritaine déclinera rapidement en nombre, la colonie puritaine se multipliera rapidement grâce à leurs grandes familles. Plusieurs autres quittèrent les colonies puritaines pour en fonder de nouvelles parce qu'ils trouvaient le règne des puritains trop oppressif. Le puritanisme aura donc une grande influence sur le protestantisme américain. Dans ce sens, les évangéliques américains sont souvent plus stricts que leurs confrères canadiens et québécois. Par exemple, bien que les puritains n'étaient pas contre l'usage modéré de l'alcool ou contre la sexualité (dans les liens du mariage), le puritanisme a contribué à paver la voix au mouvement piétiste qui a amené, par exemple, la Grande Prohibition (sur l'alcool), période pendant laquelle plusieurs ministres piétistes et méthodistes étaient des champions de la Prohibition[31].

Cette page d'histoire faisant partie de notre ADN, les évangéliques nord-américains userons de prudence envers l'alcool en vue de prévenir l'alcoolisme qui a détruit tellement de vies[32]. Par exemple, on utilise du jus de raisin dans la communion plutôt que du vin. L'évangélique se tiendra généralement loin des jeux de hasards (la loto, le casino, etc.). Des puritains, les évangéliques retiendront leur volonté d'être intègres, de vivre des valeurs familiales solides, de décourager la sexualité en dehors du mariage, d'étudier la Bible et d'avoir une structure et une liturgie d'église simples. Néanmoins, les évangéliques désirent davantage s'engager dans la culture, faire partie de cette société tout en réalisant qu'ils ont des valeurs différentes. Plutôt que les imposer, ils préférent les vivre pour en donner aussi le goût à d'autres.

Les piétistes

Les évangéliques sont aussi les héritiers d'un groupe appelé les piétistes. Ce mouvement du dix-septième siècle, désirait revivifier le luthéranisme d'Allemagne[33]. Les piétistes mettaient davantage d'accent sur les exercices privés de la foi que sur la rencontre publique (la célébration du dimanche). On encourageait une expérience personnelle avec Dieu. Avant la venue du piétisme, les protestants mettaient l'accent sur le côté « objectif » de l'œuvre de Jésus. La principale question était : « Qu'est-ce que Dieu a fait pour les gens ? ». Réponse : il est mort à la croix pour nos péchés afin de nous racheter de la condamnation éternelle. Les piétistes mirent davantage l'accent sur la question : « Qu'est-ce que Dieu fait à l'intérieur de moi ? ».

Par exemple, si un luthérien avait des doutes sur son salut, il irait voir son pasteur et celui-ci lui demanderait : « As-tu été baptisé ? » (une expérience plus « objective ») alors que le pasteur piétiste lui poserait la question : « As-tu vécu une expérience de conversion ? » (expérience plus subjective). Comme deuxième question, le pasteur luthérien lui demanderait : « Veux-tu renouveler tes vœux de baptême ? ». Le pasteur piétiste lui demanderait : « Comment va ta marche spirituelle ? »[34]. Pour les piétistes, la conversion et l'aspect plus subjectif de la foi sont plus importants que les rites ou les éléments plus « objectif » tels que le baptême. Les évangéliques hériteront de cette emphase sur le côté subjectif, plus personnel et introspectif.

Le piétisme a aussi inspiré le mouvement de la sanctification qui a amené la Prohibition contre l'alcool et le fait de voir d'un mauvais œil la danse, les films, les bijoux, le maquillage et la mode. Le piétisme aura une influence à la fois sur John Wesley (qui bâtira le mouvement méthodiste) et sur Jean Darby qui sera à l'origine du mouvement des Frères* (deux dénominations évangéliques).

Le piétisme a commencé par des réunions dans une maison. Il était même permis aux laïcs (donc ceux qui n'étaient pas responsables d'églises) de pouvoir expliquer l'Écriture, caractéristique très présente des évangéliques d'aujourd'hui qui se réunissent assez souvent dans des groupes de maisons ou dans des soirées de prières pour discuter de la Bible.

Des piétistes, l'évangélique héritera l'accent sur la nécessité de vivre une expérience quotidienne avec Dieu au travers diverses disciplines spirituelles, l'importance de la conversion personnelle, le besoin d'une véritable foi de communauté et le fait que tout le monde peut lire et interpréter la Bible.

LES CHRÉTIENS CROIENT AUX NOTIONS FONDAMENTALES DE LA FOI

Répondons à la question que beaucoup désirent poser : les chrétiens évangéliques sont-ils des « fondamentalistes » ? Il faut répondre oui et non.

---

* Note : Aussi appeler Darbistes

Pourquoi ? Parce que le terme a changé de signification depuis le dernier siècle. Aujourd'hui le mot, dans le langage populaire signifie : « Extrémiste fermé d'esprit qui prend au mot la Bible ». Au début du vingtième siècle, le fondamentalisme signifiait « Ceux qui croient aux notions de base de la foi chrétienne » c'est-à-dire : l'infaillibilité de la Bible comme la Parole inspirée de Dieu, le péché originel, la divinité de Jésus, la naissance virginale de Jésus et la mort et la résurrection corporelle du Christ.

Il faut comprendre que le début du vingtième siècle fut frappé par le libéralisme théologique (rien à voir avec les formations politiques du même nom). Ce courant, inspiré par un scepticisme envers tout ce qui est surnaturel, décida de vider la Bible de sa dimension miraculeuse pour ne garder que le message d'amour. La résurrection devint donc une résurrection spirituelle. Par exemple, pour eux, c'est seulement en esprit que Jésus est ressuscité alors que l'apôtre Paul l'affirme clairement : « Et si Christ n'est pas ressuscité, alors notre prédication est vide, et votre foi aussi. » 1 Corinthiens 15.14.

Dans les faits, contrairement à ce que certains pensent, il n'est pas irrationnel de croire au surnaturel ou aux miracles. La science est un bon outil mais elle reste un outil limité. Prenons un exemple. Imaginons que la science est un détecteur de métal mais que Dieu est fait de plastique. Si après avoir passé au peigne fin la plage pour trouver du métal, je dis : « Dieu n'existe pas ! » cela n'aurait aucun sens ! Dire que Dieu n'existe pas c'est affirmer la même chose que « il est impossible qu'il existe un univers parallèle car je ne le vois pas ».

La science est faite pour nous expliquer le mécanisme et non le pourquoi existentiel des choses. La science ne peut pas non plus expliquer ou se prononcer sur ce qui existe en dehors de la dimension physique. Beaucoup de gens pensent que la science a prouvé que Dieu n'existe pas ou que la science a répondu à toutes les questions existentielles. L'existence de Dieu n'est tout simplement pas du domaine de la science. Pour ce qui est des miracles, un miracle par définition est un acte exceptionnel, qui déroge aux règles normales de notre existence ici-bas. Si Dieu s'est manifesté sur terre, on devrait en fait s'attendre à des miracles, particulièrement au moment où il vient nous visiter sous forme humaine.

En ce sens, la divinité de Jésus, la naissance virginale et la résurrection sont des faits invraisemblables en ce qu'ils n'arrivent pas tous les jours. Mais c'est justement le point : Dieu lui-même a pris forme humaine pour nous visiter !

En somme, croire à ces choses n'est pas « irrationnel ». La véritable question relève plutôt de l'évidence historique : « Avons-nous des raisons de croire que ces choses se sont réellement passées ? ». Nous avons, par le témoignage du Nouveau Testament, des témoins oculaires d'une bonne partie de la vie de Jésus et nous pouvons, à partir de sources non-chrétiennes, extérieures à la Bible, reconstruire l'essentiel de la vie de Jésus de Nazareth, le Messie de Dieu.

Leur vision de la Bible

On accuse les « chrétiens fondamentalistes » de lire la Bible de façon trop littérale. S'il est vrai que certains groupes lisent le texte de façon extrémiste, sans rapport au contexte ou aux styles littéraires utilisés, la façon préconisée dans l'église évangélique de lire la Bible est la méthode dite « grammatico-historique » : Que dit le texte (étude de la syntaxe et de la grammaire) dans son contexte historique (socio-géopolitique) ? Si le texte est de la poésie, il faut le lire comme de la poésie ; si le texte est une lettre, il faut le lire comme une lettre ; si le texte est une histoire (comme une parabole), il faut le lire comme tel. Par contre, les évangéliques croient que les auteurs écrivent pour des raisons précises et qu'ils ont un message à communiquer. Prenez ce livre par exemple. Mon but en écrivant ce livre est que vous ayez une meilleure compréhension de la foi évangélique. Mon désir est que vous compreniez ce que j'ai voulu dire et non ce que le livre voulait dire « pour vous ». De la même façon, nous croyons que la Bible doit être replacée dans son contexte afin de comprendre ce qu'elle veut dire. Par la suite, nous tenterons d'appliquer les principes à nos vies, si cela est possible.

Les chrétiens sont-ils donc fondamentalistes ? La réponse est simple : non. Du moins, pas dans le sens péjoratif qui est utilisé aujourd'hui. Les évangéliques ne sont pas des extrémistes fermés qui essaient de vivre comme il y a 300 ans. Rappelons néanmoins que chaque groupe a ses extrémistes et qu'il ne faut pas confondre ceux-ci avec le groupe en entier. Les évangéliques sont encouragés à penser, à réfléchir et à avoir un esprit critique, au contraire de certains mouvements plus sectaires qui interdisent même à leurs membres de lire de la littérature autre que celle que leur mouvement produit. Nous sommes un groupe qui a des valeurs importantes (la famille, l'intégrité, la vérité, l'authenticité, l'amour) et qui désire les vivre en toute liberté. Dans les faits, il est à noter que c'est la réforme protestante qui, historiquement, amena la séparation de l'Église et de l'état et l'importance de la notion de liberté religieuse.

Les évangéliques aujourd'hui

Qu'ils soient Baptistes, simplement « évangéliques », assemblées des Frères, Pentecôtistes ou Mennonites, ils partagent tous les mêmes bases fondamentales de l'évangélisme :

- Centralité de la vie et l'œuvre de Jésus-Christ dans le salut
- Le salut par la foi seule
- La Bible comme autorité finale en matière de foi et de pratique
- Une expérience de conversion personnelle
- Une piritualité quotidienne
- Le désir de partager leur foi à d'autres (l'évangélisation)

Chaque groupement (appelé dénomination) possède néanmoins certaines « couleurs » différentes sur certains points : les Mennonites par exemple sont pacifistes (ils ne vont pas à la guerre) et mettent l'accent sur l'action sociale et l'aide humanitaire. Les Pentecôtistes, eux, mettent l'accent sur une expérience plus exaltée à travers la prière et la musique et sur les dons spirituels que Dieu a donnés à chacun. Les Baptistes pour leur part mettent leur accent sur l'étude biblique, et les Frères mettent l'accent sur des cultes spontanés. Malgré ces accents différents, ces différences légères, ils partagent tous les caractéristiques énumérées plus haut. Ceci est d'autant plus vrai au Québec où les évangéliques passent généralement d'une dénomination à l'autre au moins une fois dans leur vie. Si un membre d'une église mennonite déménage là où il n'y a pas d'église mennonite, il pourrait très bien se retrouver dans une église baptiste.

Autre caractéristique particulière, les évangéliques croient généralement aussi fortement à la séparation de l'État et de l'Église, et ce particulièrement au Québec, où notre expérience passée collective de ce mélange est loin d'avoir été bénéfique.

Ce chapitre avait pour but de situer le mouvement évangélique historiquement. Ceci nous aidera à comprendre pourquoi le mouvement met l'accent sur certaines doctrines et pratiques plutôt que d'autres.

QUESTIONS DE RÉFLEXION

1) Qu'as-tu appris de nouveau qui t'a frappé dans ce chapitre ?

2) Trouves-tu que ce chapitre représente bien ce que tu connais des milieux évangéliques ?

3) Connaître davantage les évangéliques t'aide-t-il à mieux connaître ta propre foi ?

4) Un ami te demande de décrire qui sont les évangéliques. Après la lecture de ce chapitre, que leur dirais-tu ?

5) Après la lecture de ce chapitre, selon toi, quelles sont les différences entre l'église catholique romaine et l'église évangélique ?

POUR ALLER PLUS LOIN :

QUELLES SONT LES DIFFÉRENCES MAJEURES ENTRE LES CATHOLIQUES ET LES ÉVANGÉLIQUES ?

Bien que nous les ayons vues au travers de notre parcours, il peut être bénéfique de rajouter ici les différences entre les catholiques et les évangéliques. Les différences

sont de deux ordres différents : théologiques et pratiques.

DIFFÉRENCES D'ORDRE THÉOLOGIQUE

Le plus grand grief que les évangéliques
ont envers l'église catholique est que
l'église a rajouté plusieurs croyances que
l'on ne trouve nulle part dans l'Écriture, et
particulièrement concernant le salut de
notre âme. Les évangéliques ne croient pas
qu'il soit le privilège de l'Église d'inventer
de nouvelles doctrines.

Doctrine catholique	La Bible
Le célibat obligatoire des prêtres	**1 Timothée 3.4-5** « Qu'il [le pasteur/l'évêque] soit capable de bien diriger sa propre famille et d'obtenir que ses enfants lui obéissent avec un entier respect. En effet, si quelqu'un ne sait pas diriger sa propre famille, comment pourrait-il prendre soin de l'Église de Dieu ? (Français Courant) **Tite 1.5-6** « Je t'ai laissé en Crète, afin que tu mettes en ordre ce qui reste à régler, et que, selon mes instructions, tu établisses des anciens [évêques] dans chaque ville, s'il s'y trouve quelque homme irréprochable, mari d'une seule femme, ayant des enfants fidèles, qui ne soient ni accusés de débauche ni rebelles ». (Genève)

Prier, vénérer Marie ou des saints pour qu'ils demandent des choses à Dieu	**1 Timothée 2.5** « Car il n'y a qu'un seul Dieu, un seul médiateur aussi entre Dieu et les hommes, un homme : Christ Jésus » (TOB) **Apocalypse 22.8-9** « C'est moi Jean, qui ai entendu et vu ces choses. Et quand j'eus entendu et vu, je tombai aux pieds de l'ange qui me les montrait, pour l'adorer. Mais il me dit : Garde -toi de le faire ! Je suis ton compagnon de service, et celui de tes frères les prophètes, et de ceux qui gardent les paroles de ce livre. Adore Dieu » (Genève).
Le purgatoire est une anti-chambre du ciel où nous sommes purifiés avant d'entrer au ciel.	**Hébreux 9.27** « Et comme il est réservé aux hommes de mourir une seule fois, après quoi vient le jugement » (Genève)
Marie est toujours restée vierge.	**Matthieu 1.24-25** « Quand Joseph se réveilla, il agit comme l'ange du Seigneur le lui avait ordonné et prit Marie comme épouse. Mais il n'eut pas de relations avec elle jusqu'à ce qu'elle ait mis au monde son fils, que Joseph appela Jésus ». (Français courant) **Matthieu 13.55-56** « N'est-ce pas lui le fils du charpentier ? Marie n'est-elle pas sa mère ? Jacques, Joseph, Simon et Jude ne sont-ils pas ses frères ? 56 Et ses sœurs ne vivent-elles pas toutes parmi nous ? D'où a-t-il donc tout ce pouvoir ? » (Français courant)

Marie est née sans péché, elle est « immaculée-conception ».	**Luc 1.46-47** « Marie dit alors : « De tout mon être je veux dire la grandeur du Seigneur, mon cœur est plein de joie à cause de Dieu, <u>mon Sauveur</u> » (Français courant)
On peut gagner « notre ciel »	**Galates 2.21** « Je refuse de rejeter la grâce de Dieu. En effet, si c'est au moyen de la loi (mes œuvres) que l'on peut être rendu juste aux yeux de Dieu, alors le Christ est mort pour rien ». (Français Courant) **Ephésiens 2.8-10** « Car c'est par la grâce que vous êtes sauvés, par le moyen de la foi. Et cela ne vient pas de vous, c'est le don de Dieu. **Ce n'est point par les œuvres, afin que personne ne se glorifie.** (Genève)
Les traditions de l'Église romaine sont aussi importantes que l'Écriture.	**Marc 7.8-9** « Vous laissez de côté les commandements de Dieu, dit Jésus, pour respecter les règles transmises par les hommes. » Puis il ajouta : « Vous savez fort bien rejeter le commandement de Dieu pour vous en tenir à votre propre tradition ! » (Français courant)

Il existe d'autres points bien sûr, où l'église catholique romaine ne s'accorde pas avec l'Écriture : l'infaillibilité du pape, la messe comme un sacrifice (alors que le Christ est mort une fois pour toutes – Hébreux 9.26) mais je crois que nous l'avons déjà démontré dans le tableau précédent.

Le problème, diront les évangéliques, est que l'église catholique romaine modifie les conditions pour être sauvé. Par les sacrements et ses œuvres, le catholique tentera de gagner son ciel. L'évangélique répond qu'on ne peut pas acheter ce qui n'est pas à vendre. Il est dangereux d'essayer d'acheter la grâce de Dieu comme le souligne l'apôtre Pierre dans ce passage :

« Quand Simon vit que l'Esprit était donné aux croyants lorsque les apôtres posaient les mains sur eux, il offrit de l'argent à Pierre et Jean en disant : « Accordez-moi aussi ce pouvoir, afin que ceux sur qui je poserai les mains reçoivent le Saint-Esprit. » Mais Pierre lui répondit : « **Que ton argent soit détruit avec toi, puisque tu as pensé que le don de Dieu peut s'acheter avec de l'argent !** Tu n'as aucune part ni aucun droit en cette affaire, car ton cœur n'est pas honnête aux yeux de Dieu. Rejette donc ta mauvaise intention et prie le Seigneur pour que, si possible, il te pardonne d'avoir eu une telle pensée ». (Actes 8.18-22 – Français Courant)

DIFFÉRENCES D'ORDRE PRATIQUE : LA FAÇON DE FAIRE LE CULTE

La différence la plus marquante entre les catholiques et les évangéliques se trouve dans leur façon de faire et de vivre l'Église (ecclésiologie). D'ailleurs, c'est ainsi que l'on on peut comprendre pourquoi les évangéliques attirent davantage les jeunes familles. Bien que ceci ne soit pas nécessairement vrai de toutes les églises évangéliques (certaines étant plus traditionnelles), le service du dimanche matin est davantage contemporain et vise à rejoindre les gens d'aujourd'hui (autant au plan de la musique que de la prédication biblique adaptée à la vie de tous les jours). Il y a aussi une école du dimanche pour enfants toutes les semaines. L'église évangélique, par ses services du dimanche rejoint donc davantage l'homme et la femme modernes. Malheureusement, la célébration catholique n'a pas beaucoup changé depuis le Moyen-Âge (qui a été célébrée en latin jusqu'au concile de Vatican II dans les années 1960). Si Vatican II a tenté de rendre le culte plus accessible pour monsieur et madame tout le monde, force est de constater que le culte n'est pas toujours adapté à la réalité d'aujourd'hui comme le démontrent les églises vides.

Le culte évangélique est différent en ceci :

- L'accent est mis sur la congrégation. Dans l'Église évangélique, le pasteur, l'animateur de louanges et les musiciens sont là premièrement pour que l'assemblée participe.

- Un culte contient habituellement entre 30 et 45 minutes de chants comportant un mélange d'hymnes et de chansons contemporaines. Ce temps s'appelle le « temps d'adoration ». Il n'est pas rare dans l'église évangélique d'avoir des équipes musicales (piano, guitares, basse, batterie, saxophone, choristes, etc.).

- Les évangéliques n'utilisent que rarement des prières écrites, les participants sont encouragés à faire des prières spontanées.

- Dû à la grande place accordée à la Bible, l'homélie (la prédication) dure entre 30 et 45 minutes et comporte des applications concrètes pour la vie de tous les jours des croyants.

- Pendant le culte, les enfants ont des classes d'école du dimanche où ils apprennent des histoires bibliques et font des activités d'éducation de la foi.

- Certaines églises ont une l'école du dimanche pour adultes avant le culte. Il s'agit de temps où les membres peuvent approfondir leurs connaissances bibliques.

- Les évangéliques ont souvent des petits groupes qui se rencontrent en semaine hors de l'église. Il n'est pas rare qu'ils parleront de Dieu entre eux, qu'ils sortiront une guitare et chanteront ou qu'ils prient spontanément ensemble.

- Assez souvent le service évangélique sera accessible aux visiteurs. Le monde évangélique tente de faciliter l'accès aux visiteurs à qui l'on annonce le message de l'Évangile.

En terminant...

Nous voici maintenant à la fin de notre périple. J'ai essayé, au mieux de mes capacités, d'exposer ce que les évangéliques croient et pratiquent. Il existe une certaine diversité dans le milieu évangélique et ce qui t'a été présenté ici n'a pas pour but de te faire entrer dans une église en particulier. Par contre, je ne peux te cacher que mon désir est que le plus grand nombre de gens possible comprennent l'extraordinaire message de Jésus-Christ et décident de le suivre et ainsi héritent de la vie nouvelle ici-bas et de la vie éternelle dans l'au-delà.

Au travers de mon parcours personnel j'en suis venu à examiner les différentes religions et philosophies, et aucune n'est plus cohérente que le christianisme. Si tu arrives à ces mêmes conclusions je t'invite à visiter et à te joindre à une église locale qui enseigne l'Évangile tel que présenté dans ce livre et dans l'Écriture.

Si tu as encore des questions, je t'invite à entrer en contact avec moi. Vous pouvez le faire en nous écrivant à :

questions@nouscroyonsendieu.com
ou par notre site web :

ww.nouscroyonsendieu.com.

Si tu nous écris, nous ferons tout notre possible pour répondre à tes interrogations.

Si tu désires trouver une église près de chez-toi, rends-toi sur *www.nouscroyonsendieu.com* et nous tenterons de te mettre en communication avec une église évangélique de ta région.

Il se peut peut-être que tu ne sois pas prêt à prendre de décision, mais je t'invite vivement à continuer ta quête. Personne n'est exempt de devoir répondre aux grandes questions de la vie et personne ne sait non plus quand sonnera sa dernière heure. Il n'est jamais trop tôt pour commencer à chercher ! Et comme nous l'avons souligné, il est possible que toutes les religions soient fausses, mais il est impossible qu'elles soient toutes vraies ! La vérité existe et elle peut être trouvée.

Quoiqu'il en soit, je t'invite à visiter une église évangélique, si ce n'est que pour voir que, après tout, nous sommes des gens comme tout le monde, à l'exception que « Nous croyons en Dieu... » et que cela a transformé notre vie !

Je ne vois aucune meilleure façon de terminer ce livre qu'avec la conclusion que Salomon fait dans son livre l'Ecclésiaste, un des livres de la Bible. Le livre de l'Ecclésiaste aurait bien pu s'intituler « Pourquoi suis-je sur terre ? » ou « Quel est le but de la vie ? ». Salomon a eu, comme chacun de nous à un moment donné, un questionnement sur le but de la vie. À la différence de nous, il était un roi et il a tout pu essayer ! Il le dit dans son livre, il a tout eu : des richesses plus que tous les rois avant lui, des femmes (il a eu près de 1000 femmes et concubines), la célébrité et le pouvoir. Mais en tout cela, il n'a pas trouvé le bonheur. Il le dit ainsi « Tout cela est vanité, c'est comme courir après le vent ».

Néanmoins, Salomon termine son livre après avoir trouvé le vrai but de la vie : « Écoutons la fin du discours : Crains Dieu et observe ses commandements. C'est là ce que doit faire tout homme. Car Dieu amènera toute œuvre en jugement, au sujet de tout ce qui est caché, soit bien, soit mal ». (Ecclésiaste 12.13-14 – Genève)

Jean-Sébastien Morin, B.A, M.A, PH.D (Cand)
11 juin 2009

www.nouscroyonsendieu.com
jeanseb@ministerevivre.com

ANNEXE 1

L'ANIMATION DE PETITS GROUPES

En plus de la lecture personnelle, il est possible d'utiliser ce livre dans le cadre d'un groupe d'exploration de la foi chrétienne ou de préparation au baptême.

Pour ce faire, nous vous conseillons de lire un chapitre par rencontre et d'en discuter en groupe. Ceci peut être fait autour d'un repas ou tout simplement autour d'une table.

Le rôle de l'animateur consiste à se familiariser avec le matériel du chapitre, de bien maîtriser les questions et d'animer une discussion sur les questions retrouvées à la fin de chaque chapitre tout en s'assurant que tous ont la chance de pouvoir partager.

Vous trouverez davantage de ressources en ligne sur *www.nouscroyonsendieu.com* dans la section « Animation de petits groupes ». Vous pourrez y télécharger des idées de brise-glace, les questions reliées à chaque chapitre, de la documentation supplémentaire ainsi que des techniques d'animation pour vous équiper dans votre tâche d'animateur. Il vous sera aussi possible de communiquer avec nous par courriel si vous avez des questions ou si avez besoin de précision.

Bon groupe !

Notes

1 Les différents noms d'association suivantes sont des « familles d'églises » différentes. Il existe, au Québec, au moins une dizaine de familles d'églises évangéliques appelées « dénomination ». Toutes ces dénominations font partie de la grande famille des évangéliques mais ne font pas partie des mêmes groupements d'églises. Essentiellement, les églises se regroupent par affinité (les frères mennonites par exemple, sont des pacifistes et ne vont pas à la guerre) ou tout simplement du fait que des missionnaires de différents pays et dénominations sont venus fonder des communautés évangéliques un peu partout au Québec principalement à partir des années 1960. Pour donner une image, McDonald's, Burger King et Harvey's sont tous des restaurants à Hamburgers. Malgré cela, ils diffèrent les uns des autres sur des points mineurs (les frites, les sauces, les épices à viande).

2 Une note sur mon parcours académique : Au fil des années, j'ai pris des cours ponctuels avec *SEMBEQ* et l'*Institut Biblique la Bible Parle* en plus d'un certificat et demie en études bibliques à la *Faculté de Théologie Évangélique de Montréal*. J'ai fait un Baccalauréat par cumul à l'*Université de Montréal* (Majeur en philosophie et mineur en théologie pratique à l'*École de Théologie Évangélique de Montréal*). Par la suite, j'ai attaqué deux maîtrises de front : une maîtrise en Nouveau Testament à la *Faculté de Théologie Évangélique de Montréal* et une maîtrise en philosophie de l'*Université de Sherbrooke*. J'ai maintenant entrepris un doctorat en théologie à l'*Université Laval* en ecclésiologie (la théologie de l'église). Au niveau de l'enseignement, je suis chargé de cours en Nouveau Testament, en théologie systématique, en ministère jeunesse et en philosophie à l'*École de Théologie Évangélique de Montréal* et à l'*Institut de Théologie pour la Francophonie*.

3 La première confession de foi « historique » de l'Église mis à part le « Symbole des apôtres » est la confession de foi de Nicée (appelée aussi « Symbole de Nicée »). Elle porte ce nom car cette confession de foi a été écrite lors du concile dans la ville de Nicée en 325 après Jésus-Christ. Tous les chrétiens – peu importe leur confession (catholique, orthodoxe, protestante, évangélique) – reconnaissent les premières confessions de l'église indivisée. Il s'agit du symbole des apôtres, du symbole de Nicée-Constantinople (381 ap. J-C.), du Symbole d'Athanase et du Symbole de Chalcédoine (451 ap. J-C.). Il est à noter que les évangéliques adhèrent à ces confessions de foi en ce qu'ils croient qu'elles représentent clairement et fidèlement l'enseignement trouvé dans la Bible.

4 Il s'agit d'ailleurs du raisonnement bien connu du philosophe Descartes.

5 Citation de *The Case for a creator*, A Journalist Investigates Scientific Evidence That Points Toward God de Lee Strobel, Éditions Zondervan, 2005, 352p.

6 Pluralisme : la pluralité des religions

7 Le mot « athée » combine le mot théos (dieu) et le « a » privatif : a-thée veut dire « sans dieu ».

8 Le mot « agnostique » combine le mot « gnose » (connaissance) et le « a » privatif : a-gnostique veut dire « sans connaissance » ou « on ne peut pas savoir ».

9 Raymond Lévesque, *Quand les hommes vivront d'amour*.

10 Comme nous l'avons tristement constaté dans plusieurs génocides dans les derniers siècles.

11 Appellation théologique pour la première désobéissance de l'histoire de l'humanité dans le jardin d'Éden.

12 Le groupe Mes Aïeux sur leur album *En famille*, 2004, *Distribution Exclusive DEP*

13 La Bible catholique en compte soixante-treize soit sept de plus. La question sera traitée dans la section *Pour aller plus loin*.

14 McDowell, Josh, – *The Best of Josh McDowell – A Ready Defense*, Thomas Nelson Publisher, San Bernardino, 1993, p.212-213.

15 En disant ceci il faut souligner qu'il est un point important en théologie : la trinité n'est pas un seul Dieu qui se manifeste sous trois « déguisements » différents. L'image de l'eau est dans ce sens imparfaite, mais nous aide quand même à conceptualiser un peu mieux ce qu'est la trinité.

16 Sont appelés ainsi les premiers théologiens de l'histoire chrétienne.

17 Disons plutôt que la majorité des évangéliques ne pratiquent pas le baptême des bébés. Il existe des protestants (des presbytériens, luthériens et anglicans de foi évangélique) qui partagent tous les points de la foi évangélique hormis le fait qu'ils baptisent les bébés. Néanmoins, quand ils le font, il est bien clair qu'ils ne croient pas que ceux-ci sont sauvés par le baptême. Un genre de confirmation du choix du baptême vient généralement quand les enfants sont plus vieux.

18 Les évangéliques considèrent que les enseignements des apôtres (que l'on retrouve dans le Nouveau Testament) sont normatifs pour la foi et la pratique. Une foi apostolique est donc une foi vécue dans le respect de ce que Jésus et les apôtres ont enseigné.

19 Le mot « catholique » signifie d'abord et avant tout « universel ». Pendant près de 1000 ans, il n'y avait qu'une seule église, séparée en deux régions géographiques : l'église d'Orient et l'église d'Occident. Les évangéliques ont codifié dans leur ADN un millénaire d'histoire partagée. L'église catholique romaine (l'église d'Occident) en tant qu'entité verra le jour aux alentours de 1054 quand elle prend certaines décisions unilatéralement (elle désire affirmer la primauté hiérarchique de l'évêque de Rome sur tous les autres évêques (donc le pape) et apporte un changement dans une des premières confession de foi de l'Église indivisée sans l'accord de l'Orient. L'Orient se séparera en soulignant que l'Église d'Occident ne suit plus les enseignements de l'église « universelle » ou « catholique ». L'Église d'Orient deviendra l'église « orthodoxe » (qui signifie : bonne doctrine). Une division semblable aura lieu, au seizième siècle, lors de la Réforme protestante. Après s'être fait expulsé de l'église catholique romaine pour ses idées, Luther et les autres réformateurs protestants finiront par avancer que c'est l'Église protestante qui est la véritable église catholique (« universelle ») car ils suivent l'enseignement du Nouveau Testament par-dessus celui de la tradition catholique romaine.

20 « Ana » en grec signifie « re ». Mis avec le baptême, cela signifie « rebaptiseurs ». Les anabaptistes rebaptisaient les gens qui avait été baptisés bébés car ils croyaient que le vrai baptême doit être un baptême de professants (qui professe, qui affirme la foi) et que seul des adultes ou des enfants assez vieux peuvent faire preuve d'un tel engagement et repentance.

21 L'église catholique romaine croit à la succession apostolique. Selon cette tradition, Pierre aurait été le premier pape et aurait transmis son autorité à un successeur. Le pape actuel serait le successeur de Pierre et posséderait son autorité apostolique. Il s'agit ici d'une des différences les plus marquantes entre les protestants et les catholiques. C'est pour cela que dans la religion catholique la Tradition (de l'église et des papes) a souvent un statut presque égal à celui de l'Écriture Sainte. Le pape peut mettre en force de nouvelles doctrines qui ne se trouve nulle part dans l'Écriture telle que « l'assomption de Marie » (le fait qu'elle s'est envolée au ciel et est devenue reine du ciel). C'est ce que déclara infailliblement le pape PIE-XII en 1950. Pour les protestants ceci est une aberration car il n'y a rien dans l'Écriture, dans ce que Jésus ou les apôtres ont enseigné, qui cautionne une telle doctrine (tout comme les doctrines du purgatoire, le fait que Marie était sans péché, l'infaillibilité du pape et les prières à Marie et aux saints). Les protestants pour leur part soulignent que plus personne aujourd'hui n'a l'autorité apostolique. Personne n'a le droit de changer ce que les apôtres ont enseigné dans le Nouveau Testament. Jésus l'a bien souligné : « Et vous, pourquoi transgressez-vous le commandement de Dieu au profit de votre tradition ? » Matthieu 15.3.

22 Symbole est un synonyme pour « crédo » et « confession de foi ».

23 On voit cela particulièrement dans les divorces ou les séparations où l'ancien être aimé semble n'avoir que des défauts.

24 Il est à noter que bien que la doctrine de l'infaillibilité papale n'a été définie officiellement qu'au premier concile de Vatican en 1870, certains papes avaient revendiqué l'infaillibilité à travers les siècles.

25 Des papes que l'Église considéra dans la suite des choses comme de « faux papes »

26 Il faut aussi noter qu'il existe des « évangéliques » qui pratiquent le baptême des bébés (on les appelle « pédobaptistes ») Ce sont des presbytériens évangéliques, des anglicans évangéliques et des luthériens évangéliques. Il est néanmoins vrai que ceux-ci s'identifieraient probablement premièrement en tant que presbytériens ou anglicans ou luthériens et ensuite comme « évangéliques ». Ces gens croient tout autant à la centralité de Jésus-Christ, à la foi seule, à l'expérience de conversion, à la nécessité d'évangéliser et à la centralité de la Bible dans la foi chrétienne. Pour eux le baptême est semblable à la circoncision dans l'Ancien Testament et ne garantit pas le salut du baptisé.

27 Voir note précédente.

28 On entend par liturgie un ensemble fixe de rites, de prières ou de processions faites lors de célébrations religieuses.

29 En effet, on remarque que le Nouveau Testament ne parle pas explicitement de la présence d'instruments de musique dans l'église. Dans ce sens, les puritains, tenant au principe régulateur (ne faire que ce qui est expressément prescrit), bannirent l'orgue et autres instruments de l'église.

30 Le « Book of Common Prayer » est le livre liturgique utilisé dans l'église anglicane. Il sera néanmoins réinstauré plus tard quand 2000 ministres puritains seront forcés à donner leur démission.

31 La prohibition était une interdiction de l'alcool dans des états en entier.

32 Cette particularité ne se retrouve pas réellement chez les Évangéliques d'Europe.

33 L'église que Luther avait fondée à la Réforme.

34 Application de disciplines spirituelles dans la vie privée telles que la prière et la lecture de la Bible.

TABLE DES MATIÈRES

Remerciements · · · · · · · · · · · · · 5
Dédicace · · · · · · · · · · · · · · · · 7
À propos de l'auteur · · · · · · · · · 9
Introduction · · · · · · · · · · · · · · 13

1 Pourquoi y a-t-il quelque chose plutôt
que Rien ? · · · · · · · · · · · · · · 19

2 Il était une fois... Dieu · · · · · · · · 31

3 La Grande Séduction · · · · · · · · · 47

4 Un Dieu qui prend la parole · · · · · · 61

5 Jésus : L'Élu · · · · · · · · · · · · · 77

6 La communauté de l'Agneau
- L'Église - · · · · · · · · · · · · · 105

7 Le Retour du Roi · · · · · · · · · · · 123

8 L'ADN des évangéliques · · · · · · · 141
En terminant... · · · · · · · · · · · · 177

Annexe 1 · · · · · · · · · · · · · · · 181
Notes · · · · · · · · · · · · · · · · · 183

Marquis imprimeur inc.

Québec, Canada
2009